# エスペラント運動を考える

― La Movado 誌から ―

日本エスペラント図書刊行会
Japana Esperanta Librokooperativo

# Pensi pri nia movado
## — Elektitaj artikoloj el *La Movado*

La unua eldono: 2016-06-18

Verkis: KONISI Gaku kaj aliaj

Kompilis: MINE Yositaka
Provlegis: SOMEKAWA Takatosi, NAKAMITI Tamihiro
Pri la eldono respondecis: SOMEKAWA Takatosi

Eldonis: Japana Esperanta Librokooperativo
ĉe Kansaja Ligo de Esperanto-Grupoj
Toyonaka-si, Sone-higasi 1-11-46-204
JP-561-0802 Japanio
ret-poŝto : esperanto@kleg.jp

# 目次 Enhavo

| | | |
|---|---|---|
| はじめに | 峰　芳隆 | 7 |

## 第1部　運動を考える

| | | |
|---|---|---|
| エスペラント運動の目的はなにか | 小西　岳 | 8 |
| エスペラントは過去のものでしかないのか | 柴山純一 | 11 |
| モバードは「古いこと」ばかり書いているか | 宮本正男 | 13 |
| エスペラント百年の無形の実績 | 小西　岳 | 15 |
| 運動をささえる理念 | 山口真一 | 17 |
| 「やさしい言語」だけでいいのか | 峰　芳隆 | 19 |
| エスペラント大会の存在理由 | サカモト ショージ | 22 |
| 運動の後継者づくり | 竹内義一 | 28 |
| エスペラントを学ぶことの意義 | 北川昭二 | 36 |
| 愛妻への最良の贈り物 | 岡本三夫 | 40 |

## 第2部　ザメンホフを考える

| | | |
|---|---|---|
| ザメンホフを思う | 野島安太郎 | 42 |
| ザメンホフ没後60年に思うこと | 藤本達生 | 44 |
| 読書はエスペラントを育てる | 小西　岳 | 47 |
| ザメンホフの三つの功績 | 小西　岳 | 49 |
| ギルドホールで考えたこと | 小林　司 | 51 |
| ザメンホフと人類人主義 | 三宅栄治 | 55 |
| ザメンホフのユダヤ性 | 三浦伸夫 | 57 |
| 他者の苦しみを理解すること | 野々村　耀 | 61 |
| ザメンホフさんへ | 藤巻謙一 | 62 |
| ザメンホフの答え － 戦争責任と民族 | タニ ヒロユキ | 63 |

## 第3部　ザメンホフを読む

| | | |
|---|---|---|
| "Esenco kaj estonteco de la ideo de LI" | 藤巻謙一 | 67 |
| "Paroladoj de D-ro L. L. Zamenhof" | 相原美紗子 | 70 |
| "Post la Granda Milito" | 高杉一郎 | 73 |
| わが『ハムレット』 | 山口美智雄 | 76 |
| "La rabeno de Baĥaraĥ" | 伊藤俊彦 | 79 |
| "Pri jida gramatiko" | タニ ヒロユキ | 82 |

## 第4部　平和を考える

| | | |
|---|---|---|
| エスペラントは平和のコトバか？ | 宮本正男 | 85 |
| 「平和のコトバ」－ 何がいけないのか | サカモト ショージ | 87 |
| 平和学から見たザメンホフ | 寺島俊穂 | 89 |
| 書評『エスペラントと平和の条件』 | 藤巻謙一 | 93 |
| 「平和」を心で捉えたい | 土居智江子 | 95 |
| 人権としてのエスペラント | ドイ ヒロカズ | 97 |
| 被爆の記録『広島・長崎』エスペラント版 | 東海林敬子 | 99 |
| "Notoj pri la Delto"おぼえがき | サカモト ショージ | 103 |
| アジア大会で「ベトナム戦争」の分科会 | 西尾 務 | 105 |
| ヒロシマから平和の呼びかけ | 忍岡妙子 | 108 |

## 第5部　民際語を考える

| | | |
|---|---|---|
| エスペラントは「民際語」でないか？ | 宮本正男 | 110 |
| 「民際語」の民について | 藤本達生 | 114 |
| 宮本正男の民際語論と私の民際主義 | タニ ヒロユキ | 117 |
| 書評『エスペラントとグローバル化』 | 三浦伸夫 | 120 |
| 民族の自立と言葉 | 柴山純一 | 122 |

## 第6部　民際活動を考える

| | | |
|---|---|---|
| ソウルの街角で － UK参加記 | 染川隆俊 | 124 |
| 日韓共通歴史教科書の会 | 三宅栄治 | 127 |
| 第2回日韓関係史シンポジウム報告 | 西尾　務 | 130 |
| 『日中韓共通近現代史』の翻訳出版 | 佐藤守男 | 134 |
| ユネスコとエスペラント運動 | 江川治邦 | 137 |
| 私の場合の文化交流 | 蒲　豊彦 | 140 |
| フランス語なしのフランス民際旅行 | 忍岡妙子 | 143 |
| 聞いて触って踊ったポーランド | 岡部明海 | 146 |

## 第7部　言語を考える

| | | |
|---|---|---|
| "Fundamento de Esperanto"の100年 | 川西徹郎 | 148 |
| Ambaŭ estas bonajの思想 | 松本　清 | 151 |
| エスペラントの長所とは何か？ | 松田克進 | 155 |
| エスペラントの単語力とは何か？ | 松田克進 | 157 |
| vortojn, vortojn, vortojn | 染川隆俊 | 159 |
| オーウェルの『1984年』とエスペラント | タニ ヒロユキ | 162 |
| 常用漢字表の「公害」 | サカモト ショージ | 168 |

| | | |
|---|---|---|
| 解説 | 寺島俊穂 | 170 |
| 執筆者紹介 | | 176 |

## 本書で使用の略号等

KLEG：関西エスペラント連盟
JEI：日本エスペラント協会（2012年4月以前は「学会」）
UEA：世界エスペラント協会
UK：世界エスペラント大会
IJK：国際青年エスペラント大会
KAEM：UEAのアジアエスペラント運動協議会
MEM：世界平和エスペランチスト運動 (1953発足。89年？に消滅)
SAT：全世界無民族性協会


OV：Originala Verkaro（de L.L.Zamenhof）
PIV：Plena Ilustrita Vortaro


E：エスペラント
本誌：*La Movado*

原注 執筆者の注。
　　 本書の脚注は，とくに断りのない限り編集者のものです。

事典 『日本エスペラント運動人名事典』参照。

（お断り）「エスペランチスト」と「エスペランティスト」の表記が混
　　　　　在しているのは，初出の表記に従ったものです。

## はじめに

　1951 年に創刊された運動の機関誌 *La Movado* に掲載された記事の多くは，その時々の運動状況の中で書かれた，いわば時事的なものが占めます。しかし，なかには，現在においても再読に値するものが少なからずあります。本書は，そのようなもので，普遍性があり，エスペラント運動の現在と将来を考える上で，参考になると考えられる記事を選んで編集しました。

　ところで，これまでにも，同誌に掲載・連載された記事からは，次のものが制作されました。

　　　宮本正男他『日本エスペラント運動人名小事典』（JELK）
　　　藤本達生他『エスペラント会話上達法』（同）
　　　宮本正男『日本文学に現れたエスペラント』（同）
　　　タニヒロユキ『エスペラントとグローバル化』（同）
　　　寺島俊穂『エスペラントと平和の条件』（同）
　　　野島安太郎『宮沢賢治とエスペラント』（リベーロイ社）
　　　坪田幸紀『葉こそおしなべて緑なれ…』（同）
　　　野島安太郎『中原脩司とその時代』（同）
　　　山口美智雄『エスペラント読書ノート』（同）

　このほかにも，多くの学習書，文通や会話の参考書，さらに対訳書も生まれています。

　今回は，すでにこれらの単行本に収録されたものは，原則として対象にしておりません。しかし，タニヒロユキ『エスペラントとグローバル化』には言語権，英語公用語論，民際語など，また寺島俊穂『エスペラントと平和の条件』にもその副題「相互理解と言語民主主義」に示されているように，注目すべき論考が多数あります。そこで，それぞれからは，各 1 編を再録し，それぞれの書評も掲載しました。この機会にぜひ再読してください（内容目次は巻末参照）。

　本書は，テーマを決めて執筆されたものではありませんが，論説・主張・論考・感想・報告など，さまざまなものを集めましたので，その中に運動を考えるためのヒントを見つけていただければと思います。

　収録に同意していただいた執筆者ならびにご遺族の皆さんと解説を執筆していただいた寺島俊穂さんに感謝いたします。

峰　芳隆

# ＜第1部　運動を考える＞
1976年5月号

## エスペラント運動の目的はなにか

小西　岳

### エスペラント運動の目的はなにか

　「それはわかりきったことだ」という人があるかも知れない。しかし，本当にそうだろうか。十人のエスペランチストが集まって，それぞれが「運動の目的」について自分の考えを述べたとしたら，十人十色とまではゆかなくともいろいろな考え方が出てくるのではあるまいか。

　個々のエスペランチストがエスペラントとどのようにかかわってゆくかは，各人の自由である。しかし，組織的な「運動」を進めてゆく以上は，一致した目的が設定されていなければならない。そして，運動を正しく発展させるためには，運動に参加しているわれわれがつねにその目的を自覚していることが必要であるし，また，そうでなければ確固とした自信や意欲をもって運動に取り組むこともできないであろう。

　裏をかえせば，運動のかかげる目的は，運動に参加する人たちに確信を与え，意欲を引き出すだけの意義と魅力を伴ったものでなければならないのである。

　目的を明確にすることは運動を進めてゆくうえでの指針を与えることであり，別のことばでいえば「運動の綱領」を設定することにつながる。

　「運動の綱領」は，本来，すべての運動組織が持っているはずのものである。たとえば KLEG の場合，それは創成期の活動家たちの頭の中に，運動の進め方についての一致した見解として存在していた。ただ，その共通の認識が――共通であることが自明であったために――明文化されなかったのである。

　運動を継承し，発展させてゆくには，綱領の明文化はどうしても必要である。そのためには，多くの自覚したエスペランチストの討論を経なければならない。

ここでは，そういった討論のための第一歩として，過去の活動経験と，先ほど開かれた第1回活動者会議での討議をもとにして，筆者の考えを述べてみたい。

## 2本の柱

冒頭の設問に対して，予想されるもっとも単純な回答は「エスペラントの普及」ということであろう。あるいは，「エスペラントに真の国際語としての地位を獲得すること」という回答をする人もあるにちがいない。

しかし，筆者は，こういった定義からは，運動のもつ意義を明確にくみとることはできないように思う。「なぜ普及させるのか」「なぜエスペラントを国際語にする必要があるのか」という疑問が残るからである。

エスペラント運動の意義をとらえるためには，やはり，言語エスペラントの持つ特質に注目する必要がある。

エスペラントの特質は，われわれが宣伝にあたってつねに強調するつぎの2点に集約されるであろう。

(1) 文法が合理的で，学習が容易であること
(2) どの国，民族にも属さない，中立の言語であること

この2点を除いては，エスペラントという言語は成立しないといってよい。そして，エスペラント運動の目的 ― 理念 ― もまた，この2点から抽出されるべきものであると筆者は考える。

まず，学習が容易である，ということは，エスペラントが一部のエリートのためのものではなくて，一般大衆のための言語であることを意味している。

また，エスペラントの中立性は，いうまでもなく，国際間での言語使用上の不平等を除去しよう，という意図に立っている。

つまり，エスペラント運動の原理的基盤は，つぎの2本の柱に要約される。

(1) 大衆的レベルでの国際交流の推進
(2) 言語上の不平等の撤廃

## 「人間改革」の運動

言語はコミュニケーションの手段である。ひとつの言語をさまざまな障害を越えて ― しかも生きて使われる言語として ― 広めてゆこうと努力するからには，そこに，人間同士のコミュニ

ケーションが可能であること，人間は人種などの壁を越えて連帯できるものだという確信があるはずである。単にエスペラントの使用者をふやすことが最終の目的なのではない。人間はすべて平等だという意識，国際的な連帯意識を，「大衆的レベルでの国際交流」を通じて，われわれ一人ひとりの実感の中に育ててゆくことがエスペラント運動の目的ではないだろうか。

　個々のエスペランチストがエスペラントをどういう目的で使用するかはそれぞれの自由である。しかし，ひとつの文化運動としてのエスペラント運動は，上に述べた理念を踏まえたものでなくてはならない。

　エスペラントを学び，これを使用する人たちが，自分自身の実践を通じて自己の中に，新しい世界を切り開いてゆく ── そういう運動であってこそ，われわれが多くの労力をこれに注ぎ込む意義があるのではないか。

　エスペラント運動は，そういう意味で，「人間改革の運動」のひとつである。

　このように考えると，エスペラント運動の成果は，かならずしも，エスペラントが「真の国際語」の地位を獲得したとき ── たとえば各国政府や国連などの公的機関による認知 ── によってはじめて得られる，というものではない。公的機関による認知は，もちろん，運動にとって大きなささえになることであるけれども，それのみが運動の目的ではない。むしろ，今，現実に，毎日の実践の中でわれわれがエスペラントを活用してゆく中に，エスペラント運動の意義があるのである。

運動を考える

1980年8月号

## エスペラントは過去のものでしかないのか

柴山純一

　テレビで「テル」① がエスペラントを話した。しかしテレビを見た多くの人は，今，エスペラントを使っている人がいることを知らない。小中学校の，最近では高校の英話の，教科書にザメンホフがエスペラントを作ったことが紹介されている。しかし，そのエスペラントを広めようと運動している人たちがいることを児童・生徒あるいは教師の多くは知らない。エスペラント版『広島・長崎』② のようにエスペラントの今を知らせる記事もあるものの，世間がマスコミから受けるエスペラントの印象は過去に片寄っているようだ。

　ところがわれわれエスペランチストにとっては，エスペラントは「今」であり「未来」なのだ。「今」とは，われわれが一人前の言葉としてエスペラントを通用させていること，異文化間の交流が行われていることである。「未来」とは，エスペラントを国境・民族境をこえた地球社会のかけはしの一助とするべく，今，地道に普及をわれわれが続けていることである。

　そのような事実と認識とが世間に知られていてこそ，新聞に3行のる講習会の記事も人をひきつける力になる。ではどのようにして情報宣伝活動を展開すべきだろうか。われわれの運動の弱点を克服するにはどうすれば良いだろうか。筆者が考えることをいくつかあげてみる。

　ひとつは，ひとりひとりのエスペランチストがエスペラントを通用させたという経験をもちよることである。それは切手や絵はがきの交換でもあろうし，外国を旅し交流を深めてきたことでも

---

① 1980年5月に放映されたテレビドラマ『望郷の星 ─ 長谷川テルの青春』。長谷川テルを栗原小巻が演じた。長谷川テルについては，本書p.14参照。
② 本書p.99参照。

あろう。そのような個人的体験をたえず身のまわりに，ミニコミ，口コミで伝えるところから出発する。しかしそれはすぐにマスコミの題材とはならない。それゆえ，エスペラント運動体が経験談を集め，分析し，おおやけにすることが必要となろう。その意味で最近出た国際結婚のアンケート集[1] などは好例である。

　もうひとつは，エスペラント運動体が主体となって，エスペラントでしかできない仕事をすること。『広島・長崎』，『はだしのゲン』[2]，あるいは各地の民話のエスペラント訳が代表例である。たとえば「フジヤマ」「ゲイシャ」でも「カー」「カメラ」でもない日本人の暮らしを紹介する仕事もある。

　さらに，それらの成果をマスコミに取り上げさせることである。しかし，マスコミは興味あるトピックには飛びついても深くほりさげるとは限らない。大向こうの受けをねらった活動だけをするのは邪道である。

　以上，エスペラントの「今」を知らせることを中心にしたが，「未来」を知らせること ― パック旅行や英語一辺倒の社会には限られた将来しかないこと ― も大事である。そのためにはわれわれエスペランチストが足もとを固める必要がある。エスペラント運動に課せられた課題は大きい。仕事はこれからである。

---

[1]　ＥＶＡ国際結婚に関するアンケートグループ編『国際結婚 ― エスペランチストに対するアンケート調査と手記から』（ロンド・ロベリア，1979）

[2]　"Nudpieda Gen"（中沢啓治『はだしのゲン』第1巻のエスペラント訳，Rondo Gen，1982年初版，1985年改訂第2版）

運動を考える

1981年10月号

# モバードは「古いこと」ばかり書いているか

宮本正男

　ときどき聞かされるコトバがある。*La Movado* には古いことが多いと。これについて考えたい。

　新しい前むきの記事をもっと多くのせて欲しい，という意味で，「古いことが多い」というのならば，その限りにおいては，一応もっともだと思う。しかし，「古い」「むかし」のことを並べている，並べすぎる，というところから出発しているならば，いささか考えちがいではないかといいたい。

　例をあげよう。今月号の「中原脩司とその時代」[1] には，*La Revuo Orienta* 編集部，あるいは日本エスペラント学会が，島木健作の"Karcero"[2] の広告を断ったことが書かれている。もっと前の号には，Lanti[3]の宿舎へ警察官を案内してきた三宅史平[4]のことを書いていた。これを書くことによって，筆者はそれぞれの旧悪をあばきたててリューインを下げている，と考えるなら，たしかに「古いことを書いて」いると思う。しかし，1930年代のあの時代のエスペラント運動の実情を伝え，ああいう時代を二度と来させないように，みなが努力せねばならぬ，と筆者が訴えているのだ，と読む方が，現在的視点でもあり，歴史から教訓を汲みとることに役だつのではなかろうか。

　日本エスペラント学会の理事をしていた河崎なつ[5] が死んだとき，*La Revuo Orienta* は報道しなかった。河崎が JEI の理事

---

[1] 連載は，のちに野島安太郎『中原脩司とその時代』（リベーロイ社，2000）として出版された。

[2] 島木健作『獄』のエスペラント訳（服部亨訳，カニヤ，1937）

[3] Eŭgeno Lanti（1879-1947）。SAT創設者。1936年フランスから来日し，約1年間滞在したが常に警察の監視下にあった。[事典]

[4] みやけ・しへい（1901-80）：当時，JEIの事務局専従。[事典]

[5] かわさき（1889-1966）：女性運動指導者。1926-32年JEI理事。[事典]

運動を考える

であったことは，学会の出版物をちょっとみれば，すぐにわかることである。それを学会はしなかった。「人名小事典」①は過去の運動をこうした形でとりあげているのである。この「事典」を注意してよんでもらえば，あるいは注意せずによんでも，これをのせる編集者の意図が，単に古い人物像を並べるだけでないことがわかるであろう。

　長谷川テル②のことをくりかえしくりかえし書いた本誌こそが，彼女の仕事を世界的にひろげるために一番貢献したのである。本誌が「やかましく」彼女のことを書いたのは *El Popola Ĉinio*③がとりあげるより数年も早かったことを考えるがよい。*El Popola Ĉinio* が彼女のことをとりあげたのは，本誌以前には，1948年か49年，中国のエスペラント運動という文章で，彼女の本のことを数行書いただけであった。

　*La Movado* は，今後も「古いこと」を書くだろう。しかし，「むかしはよかった」というつもりはさらさらない。常に現代のことを念頭においているのである。

---

① 連載後，出版：『日本エスペラント運動人名小事典』（JELK, 1984）
② 長谷川テル（1912-47）：日中戦争の最中，中国へ。中国人の夫と共に反戦活動をしたエスペランチスト。詳細は，宮本正男編『長谷川テル作品集』（亜紀書房，1979），利根光一著『増補版 テルの生涯』（要文社，1980）。 事典
③ *El Popola Ĉinio*: Ĉina Esperanto-Ligo が発行していた月刊広報誌。印刷版は1999年刊行休止。現在はネット版のみ。

運動を考える

1987年8月号

# エスペラント百年の無形の実績

小西　岳

　この夏，エスペラント発表百周年記念の華やかな熱気がエスペラント界を包んでいる。ワルシャワ大会①には，6000名の参加者があった。今月末の日本エスペラント大会もまた，劣らない熱気で「第2世紀」へのはずみをつけなければなるまい。

　「第2世紀」への入り口に立っているわれわれの運動は，しかし，必ずしも順風満帆で進んでいるわけではない。22年前，東京で世界大会②を開いたころにくらべると，運動は全般的には停滞状態にある。各地の初等講習会には以前ほど人が集まらないし，次代を担う若い世代の層も厚いとはいい難い。エスペラントのような「理想」は敬遠されがちな社会的風潮がある。そして，エスペラントによって可能な真の国際交流 — 民際交流 — への希求は，一般の人たちの間ではまだまだ日常的なものとはなっていない。

　このような状況のもとで運動を進めようとするとき，われわれはなおさら，「エスペラント運動とは何か。運動の成果とは何か」について深く考えなければならないであろう。

　一人の眼科医のまいた種子が風雪に耐えて，百年という年月をともかくも生き抜いてきた。量的な広がりはまだささやかなものであるが，この百年の間にエスペラントは多くの人たちによって生きた言葉として語られ，幾多の感動的な人間交流のドラマを展開してきた。エスペラントに触れることによって人生への，社会への眼を開かれた人も数多い。この「無形の実績」こそ，百周年にあたってわれわれが誇り得る「運動の成果」の一部，それも格段に重要な一部分ではなかろうか。エスペラント自体は言語に過

---

① 1987年8月ポーランドのワルシャワで，エスペラント発表百年記念の第72回世界エスペラント大会が開催された。
② 1965年東京で，第50回世界エスペラント大会が開催された。

15

ぎないが，それを「生かす」エスペラント運動は，宮本正男の言葉を借りれば「人間改革の運動」でもある。

　さらに百年後，エスペラントがどうなっているかは知るよしもない。が，われわれは百一年目のスタートから，やはり引き続き，有形の実績とともに無形の実績を積みあげてゆく日常的な活動を重ねて行こう。エスペラント運動のひとつの大きな意義がそこにあるのであり，また，同時にそれは次の百年の成果にも必ずつながるものに違いない。

2006年3月号

# 運動をささえる理念

山口真一

　私は，1977年，大学入学の年にエスペラント学習を始めました。当時はロンド・ハルモニーア（RH）[1] が全国的に活発な活動を行っていた時期です。私の学習への動機は割合に単純な語学的興味でしたが，RH の存在がなかったら，私の興味は次第に色あせて，現在に至るまで運動に関わることもなかったでしょう。RH で経験したこと，学んだことが私のエスペランチストとしてのアイデンティティを形成しています。私が学んだこととは，エスペラント運動の理念の重要性です。

　大学エス研の例会，地域や全国の合宿などでは，「理念学習」というものがあり，「国際語論」「運動論」「組織論」についてのテキストを読んだり，討論をしたりしていました。今から思えば，二十歳になるかならないかくらいの未熟な学生にありがちの観念的で幼稚な議論だったのですが，そこで得られた考え方は，今でも有効性を失っていないと思います。

　それは大きくは次のような点にまとめられます。

　(1) エスペラント運動（movado）とは，社会と文化を movi するものである。すなわち社会運動であり，文化運動である。

　(2) 運動によって目指す社会とは，地域・民族・宗教による差異を尊重しながらも，人びとがつながりあっていけるゆるやかな共同体である。

　(3) 言語はコミュニケーションのための道具だが，同時に文化そのものでもあり，守り育て創造されていかねばならない。

　もちろん，「エスペラントは言語にすぎない，エスペラントには思想はない」というのはそのとおりです。理念とか思想というものは言語自体にではなく，言語を使う人間に存するものでしょ

---

[1] 国際語教育協議会の通称：1966年京都の学生サークルとして誕生し，全国の大学に拡大。現在はＯＢ中心に活動。機関誌 *La Harmonio*。

う。言語・文化を守り育て創造していく，そのような運動が理念を要請しているのです。その意味で，私はザメンホフの言葉「エスペラントは重要な社会問題（grava socia problemo）」を受け止めています。個人的な趣味としてエスペラントを学んだり，エスペラントを使って楽しんだりすることは大いに結構なことです。ただ，ザメンホフ以来，今に至るまで，数多くの先人によって守り育てられてきたおかげで今日の享受があるということも，決して忘れてはならぬことだと思います。日本エスペラント運動百周年の意義とは，社会的なアピールや目に見えるかたちでのイベントにとどまらず，私たち自身がエスペランチストであり続けることの意味を再確認していくことではないでしょうか。

　私個人は現在，国際仏教エスペランチスト連盟①事務局長・日本仏教エスペランチスト連盟②理事長として，仏教エスペラント運動に力点を置いて活動しています。この運動は単に，エスペラントを手段として仏教を世界に広めよう，というものではありません。仏教を普及するというだけなら英語が最も効率的ですから。しかし，仏教の基本的教説である縁起・慈悲ということ，すなわち「差異を認めて他者とつながりあう社会〈同朋社会〉の顕現」という視点から，仏教とエスペラント運動が課題を共有している，と私は考えます。

　今後も，仏教運動（engaĝiĝinta budhismo）に携わる中で，エスペラント運動にごくわずかでも寄与することができれば幸いです。

---

① Budhana Ligo Esperantista (BLE)
② Japana Budhana Ligo Esperantista (JBLE)

2007年6月号

# エスペラントは「やさしい言語」だけでいいのか

峰 芳隆

　「エスペラントのことはよく分かりました。私もその理念に賛成します。しかし，いまの私には必要ありませんね。それに，ここには短期間で習得可能と書いてありますね。そんなに簡単であれば，将来もっと普及して必要になったら，その時に始めても間に合うのではないでしょうか」

　エスペラントを短期間で習得できるやさしい言葉であると宣伝することが少なくありません。しかし，そのことを力説することは，普及活動にとって果たしてプラスになるでしょうか。

　もちろん，エスペラントは，英語などに比べると，圧倒的に学習しやすい言語です。しかし，それは比較の問題です。エスペラントといえども，数時間や数日，数週間の学習で習得できるものではありません。そもそも，社会生活，文化生活をする人間の，意思疎通と表現のための言語がそんなに簡単で，短期間に習得できるはずがありません。それは，学習を始めた人が，だれでも経験していることではないでしょうか。ごくまれに例外的な人はいるようですが，普通は，ある期間，それなりに集中して学習しないと，コミュニケーションの道具として使えるレベルには到達できないのは自明のことです。

　一方では，やさしいということで学習を始めたが，それほどではなかったと挫折する人も少なくないようです。また，ある程度使いこなせるようになっている人も，意外に多くないように思われます。そのうえ，eterna komencanto（いつまでも初心者）を自認する人がいることも残念です。本当にやさしいのであれば，たやすく習得し，十分に使いこなせることを身をもって示すことができるはずです。また，そのことがエスペラントの有用性を具体的に証明する最大の説得材料になります。やさしいという言葉に甘えて，通り一遍の学習で満足している人が少なくない，というのが実態ではないでしょうか。

19

運動を考える

そのため，冒頭のように発言する人がいても不思議ではありません。そのうえ，エスペラントを「やさしい言語」＝「簡単な言語」＝「文化のない言語」と発言する「知識人」も少なくありません。

さて，エスペラントには，英語などのように，それを母語とする，いわゆる「ネイティブ・スピーカー」は存在しません。英語は，極言すれば，口まねで理屈なしに覚える必要があります。さらにそのように覚えるだけでなく，その社会で暮らして，つねに新しい言葉遣いに対応しないかぎり，「ネイティブ並み」の使い手とは認められないようです。これは，英語に限らず，例えば外国人が日本語を学習する場合にもあてはまることです。エスペラントは，そのような言葉とは明らかに違います。誰もが等しく学習する必要があるからです。

すなわち，エスペラントは，例外のない文法（と単語）を学習すれば，使えるようになる言葉です。そして，その唯一の規範は，「エスペラントの基礎」Fundamento de Esperanto[1]です。このことを，私はこれまでに2回の世界大会に参加して，世界各地から集った人と話し合う中でも実感しました。

ところで，この「文法だけが規範」ということは，意外に難しいようです。正しい表現かどうかの判断を，英語や日本語のようにネイティブ・スピーカーに頼ることができません。文法と辞書の定義に照らし合わせて判断する必要があります。しかし，これは簡単なようにみえますが，実は，それほど簡単ではありません。ネイティブという理屈抜きの絶対的な手本に依存できないからです。すなわち，手を抜かずに学習する必要があります。そして，そのことにエスペラントの中立性と公平性が示されています。

たとえば，本誌の「作文教室」で，担当の田熊健二さんが悩むのは，一般には使われない言い回しであっても，文法的には間違いとはいい切れないという文の取り扱いだそうです。英語や日本語であれば，「そのようにはいわない」が結論でしょう。しかし，エスペラントの場合は，ザメンホフの "Lingvaj Respondoj" に

---

[1] 本書p.148参照。

もよくあるように，"Ambaŭ estas bonaj"[1] です。

　このように，どの言葉を母語とする人も，規範とはならない，ということがエスペラントの特性です。そして，この中立で公平であるということが，「エスペラントを世界中の人びとの共通語に」の原点です。

　このことに基いて，寺島俊穂さんが本誌2006年7月号の「地球民主主義と言語問題」[2]で述べている「現代のエスペラント運動の果たすべき役割」について考えることが必要ではないでしょうか。

　今年は，1887年にザメンホフがエスペラントを発表してから120年です。これまでにエスペラント運動が歩んだ過程を振り返り，その成果をこれからの運動の発展に生かしたいものです。

---

[1] 本書p.151参照。
[2] 寺島俊穂著『エスペラントと平和の条件』（JELK, 2011）に収録。

運動を考える

1976年1月号

# エスペラント大会の存在理由

### サカモト ショージ

　高槻で開かれた第23回関西エスペラント大会の反省会で，組織委員のひとりからギョッとするような問題提起があった。関西大会は開く必要があるのか，というのである。それが，大会の準備期間中，最も精力的に活躍した人の口から出ただけに，傍観者の冷笑的意見と誤られることのなかったのは幸いであった。すぐにこの基本的問題について意見を交換するための執行委員会が開かれ，いろんな疑問が遠慮なくやりとりされた。

　いわく，高槻大会の主役は全国のベテラーノではないか。かんじんの地元の若いエスペランチストたちの大多数は，ただおとなしく舞台をながめている観客に過ぎなかった。自分たちの大会という実感がわかなかった。形式ばかりがととのって，類型的なプログラムの消化にエネルギーの大半を使い果たし，充実感や成果を味わうに至らなかった。継承と発展をうたいながら，どれほどの継承がなされたのか？　など，など。

　特に中心的働き手にとっては，多くの労力が必要なのにその提供者は限られており，ムリのしすぎで疲労感ばかりが積み重なったむきもある。そこで，大会は毎年開く必要なし，まず足もとを固めた上で，関西大会はいちから出なおしたらどうだ，というような意見も表に出て来たのであろう。質量ともに画期的な大会と，われひとともに信じて疑わなかった高槻大会で，なおかつこれだけきびしい批判を受ける。うわべはとりつくろっても，ひと皮むけばカビくさく，床はぬけ，柱は腐っているというのが，組織の実態であろうか？

　なるほど現実との妥協の上にたてば，理想・原則を貫けないことも多く，大会の幕が下りた後のさびしさにつながっていることは事実である。しかし ― と調子の高い意見も一方にはある ― 目標をしっかり見きわめ，タテマエを常に見失わないで，その上に立った柔軟な方策を考えることがわれわれの務めだ。大会の目

22

標を一口でいえば，内に対してはエスペラントの到達点を大衆的に明らかにし，外に対してはデモンストレーションと社会的信用の獲得をねらうことだ……。

　エスペラント運動の中における大会の存在理由とは何だろう。大会でなければできないこと，大会で行うのが最もふさわしいこととは，いったい何だろう。それについて「いちから」見なおしてみたいと思う。別にこと新しい説をのべるつもりはないし，地方大会に限る話でもない。わかりきっていることのオサライである。

## 1．協議・討論

　いまの大会では決議がなされても，その場の出席者を道義的にしばるのが関の山で，大会の母体となる組織の成員それぞれに義務を負わすことなど，思いもよらない。これは，大会参加者が，成員全体あるいは母集団から比例的に選ばれた代表者から成り立っているのでなくて，参加を希望する人の任意の集まりに過ぎないためである。それだけに，熱意や地理的・時間的条件に左右され易くかたよりが大きくて，決議がたしかに全員の意見の縮図であるという保証がないからだ。しかし，拘束力のないということを討議が無意味であるというように早合点してはならない。大ホールでもロビーでも，各地から集まって来た仲間達とヒザをまじえて語り合い，経験の交流と吸収をはかり，エスペラントについて，エスペラント運動について，いっしょに考え，そこから進むべき方向についてのヒントを得ることは，大会の持つ最も貴重な役割のひとつであることに間違いない。あるいはこう反論されるかも知れない。大会での討議などは中途ハンパなものにしかならない。合宿の方がはるかに充実した語り合いができる，と。それはそうだろう。時間的制約を考えたら，大会で合宿ほど突っこんだ討議のしにくいことは否めない。しかし，合宿にはまたそれなりの限界がある。時間的・経済的制限，生活条件，独特のフンイキなどのため，合宿に集まるのは一段と限定された顔ぶれになる。より幅の広い話し合いは，やはり大会の場に求めるべきだろう。

　もうひとつの重要な討論の機会は，大会分科会である。エスペラントをそれぞれの分野に生かし伸ばしている人びとの出会い，

討議のチャンスとして，大会は最もつごうのいいものである。多面的な分科会の可能性を求めれば，大会の規模はできるだけ大きいことが望ましい。

## ２．文化祭

　大会全体が年に一度のエスペラント文化祭である。が，文化祭の中心をなすのは，ひとつには演劇や歌唱などであり，よりジミであっても重要性の高いものに文芸コンクールがある。これこそエスペラント文化の到達点を明らかにし，それを味わう，得がたい機会といわねばならない。合宿では十分に味わいにくいことのひとつである。ただ，文芸コンクールはさておいて，演劇や合唱の水準はあまりにも低く，やっつけ的すぎて，なかなかウットリさせてもらえないのは事実だ。しかし，演劇については，かつての Nubo①，今は Rafano②などのマジメな努力もあり，合唱の面でも外部の合唱サークルにたのむばかりでなく（このこと自体は外部交流という意味でも好ましいが）内部からの芽を伸ばして行きたいもの。

　詩などの朗読やすぐれた弁論も，初心者コンクールのワクにとじこめておいたのではもったいない話で，語り芸術の粋をきかせるつもりの見なおしがあってもいいのではないか。

## ３．教育・訓練

　教育といっても日ごろロクに勉強もしないでいて，１‐２日大会へ来ただけでエスペラントがじょうずになる，というようなウマい話がころがっているわけもない。しかし，特に孤立した仲間や地方の小グループのエスペランチストにとっては，大会は多くのすぐれたエスペランチストに会って，生きた話しぶりを耳にし，多くの書物を手にとって確かめることのできる，またとない機会である。また，日ごろ外国人と接する場に恵まれない地方の人たちにとって，外国人と話せる機会は実に貴重である。（外国人と

---

① 1962年〜65年に活動した野崎貞夫事典を中心とした関西の演劇グループ Trupo Nubo。"Otelo"，"Reaperantoj"などを上演した。
② 1972年〜74年に活動した東京の演劇グループTearto Trupo Rafano。1974年の第61回日本Ｅ大会において岩谷満の訳・演出で"Pikniko en batalkampo"を上演した。

の接触になれている人はこんな事情を軽視しないことだ。またそのためにも大会にはぜひ外国人を（日本在住でも）加えてほしいものである）。日常活動の中でエスペラントを多面的に勉強できる手段に富んだ人にも，大会の与えるものは大きい。エスペラントによる演説や，エスペラントに関する講演，シンポジウムで何らかの啓発を受けないことはよもやあるまいし，大会大学も聞く耳さえあればそれぞれに有益なシロウト向け講座である。初心者にとっての新人番組もそうなら，教育そのものともいうべき通信教育スクーリングや，学力試験の用意されている大会もある。これらを受動的な教育とすれば，自分から積極的に参加することにより，そのための事前準備を積み重ねるために，結果的に大きな教育効果を得る場合もある。弁論・朗読コンクールへの参加や，ロンド出し物の発表などが，それに属する。これらの準備が組織委員会側でも参加者側でも念入りになされたとき，参加意識と充実感は大幅に強められることだろう。

## ４．外部へのデモンストレーション

　社会はエスペラントに常に注目しているわけではない。注意を引くのは，おそらくエスペラントを使って何らかの目立った成果をおさめた場合でなければ，大会の機会に限られよう。このときこそエスペラントの意義・価値・効用について実物ＰＲをする機会，エスペラントの存在と成長を市民に示して，社会的信用をたかめるときである。そのためにも大会は盛大でありたいし，中味の濃いもの，注目を集めることのできる催しや人物がほしくなる。また一般市民との交流を深め，公的機関の後援，開会式などへの出席を促進するべきである。もちろんマスコミへの働きかけはあらゆるチャンスをねらって抜け目なく，大事なタイミングをにがさないこと，そしてそれを組織拡張へと直接結びつける方策をたたみかけることだ。大会準備でバテてしまって，あとは放り出すなど，まったく何のために大会をやったのかとの声も出るだろう。高槻が大会実績の積み重ね（ばかりではないが）によって市民や市役所に一定の影響力を持っていることなどは，おおいに模範とするべきだ。

　・・・このあたりまではあまり異論もないようであるが，ここから少しアヤシくなる。しかし遠慮せずに続けさせてもらうと・・・

運動を考える

## 5．仲間に会える喜び

こういうと評判がよろしくない。「仲よし大会」などといわれて，成長のない後ろ向きの扱いをされてしまう。しかしそんなものだろうか？　もっとホンネをはいてもいいのではないか？孔夫子のむかしから，友が遠方から来るのはよろこばしいことと相場がきまっている。批判されるべきものがありとすれば，あってから，二人でお茶を，あるいはビールを飲みながら，むかし話や役にも立たぬ雑談だけにふけることであろう。とにかく「仲よし」と会う楽しみを抜きにして，大会が楽しくてたまらないという人がいたら，お目にかかりたいものである。

古い友だちとの交わりをあたためるばかりではない。新しい友を見出して友情の輪をひろげること，外国人との知り合いを作って行くこと。大会には多くのすぐれた人たちが来る。社会的な業績を積んだ人，エスペラントの研究者・文学者・活動家，さらに人間的にすぐれた人びと ── これらの人が，肩書きを受付にあずけて対等の人間同士として話し相手になってくれるのだ。慣れっこになって，何だか当たり前のように思っているが，世間一般の常識からすればやはり大したことではないか。

## 6．相互暗示による相乗作用

第3回世界大会でザメンホフ博士は大会の意義にふれて，言語問題を討論するためでもなく，演説の練習をするためでもなく，エスペラント主義の思想に対する愛を力づけるためだ，と述べている。上品でおとなしい言い方であるが，組織的見地から少しオマケをつけて翻訳してみたら，こんなことにもなろうか。

・・・エスペラントを学びはじめる。独習かも知れない。地方ロンドの講習会に参加したのかも知れない。いずれにせよ，そう盛大とはいえず，いいことだとは思いながら，自分たち，ひとつまみの者だけが変わったことをしているのでは，と何か心細い気持ちをふっきることができない・・・

この人が大会に参加するとき，初めて大きな（相対的に）エスペランチストの集まりを見，達者なエスペラントを聞き，多くの書物がうず高く積み上げられているのを手にし，たくさんの人がいろいろ批判的な言葉を口にしながらも基本的にはしっかりした信念の上にたって行動しているのをつかみとるとき，力強い感

激の流れにとらえられ，しっかりした集団の一員であるという一体感をいだき，自分の選んだ道が正しかったという確信をにぎりしめて会場を後にすることになる。こうして大衆的暗示のウズの中で互いに作用し合い，新しく生まれた確信を強め合って行く。もちろん新人だけでなく，中堅層もベテラーノも，それぞれがこの大きな集まりの中で影響し合って，熱意をかきたてていくのである。

　この作用は，エスペラント大会よりも新興宗教の集会などではるかに大きな力を発揮する。参加者の数は比較にならぬほど多く，批判的フンイキはまったくなく，組織者側でも陶酔と感激をかきたてるべくムード作りに工夫をこらすだろうからだ。大衆集会の組織的意義を十分に理解し，これを悪用したのがヒトラーである（岩波新書『日本の新興宗教』参照）。彼が悪用した人間心理の自然な流れをエスペラント大会が善用して悪いことはあるまい。大会ができるだけ盛大であること，大会演説は内容だけでなくその調子においても勇気と希望を与えるようなたぐいのものであること，大会全体，特に式典の演出に気をくばること，がのぞまれる。

　今後の大会で，上に述べたような大会の持つ意味がどのように具体化されるかは，これからの討議と工夫と実行に待つところが大きい。充実感に満ちた，全員の参画意識をもりあげた，雄大な大会を目指して，いっそうの知恵と努力を傾けたいものである。

運動を考える

1982年4月号/7月号/8月号

# 運動の後継者づくり①

竹内義一

## なにを継承するのか

　われわれの運動は駅伝のようなものだ。私たちは先輩からバトンを受けついで，いま走っている。元気な間，走りつづけるだろう。いつの日か，バトンは次のランナーに手渡される。彼（彼女）は，私たちよりもっと元気よく，もっとさっそうと走ってくれるだろう。

　いまエスペラント運動の前面にいる人たちは，多かれ少なかれそんな思いを抱いているに違いない。そして，次のランナーが元気いっぱいで待っているのを見るときほど，「活動家」にとってうれしいときはないはずだ。事実，地方ロンドでも，連盟のようなところでも，後継者の養成が，なによりも大きな問題になっている。

　それでは，運動の継承とは何か。それは運動の到達点や問題点に痛覚感を持って主体的に対応し，その対応の中に進歩への道程を見抜くことである。私たちが手にしているバトンはエスペラント運動の栄光も汚辱も内包している。その栄光や汚辱といっしょに私たちは走りつづけている。バトンに新たな栄光を加えるか，ふたたび汚辱にまみれさせるかは，あげて私たちの問題だ。「到達点や問題点に痛覚感を持って主体的に対応する」とは，そのことをきびしく意識することである。運動の継承をいうなら，私はやはりそのことを強調せざるを得ない。

　それでは，問題をもっと身近にしてみよう。私の所属している会は，ことし（1982年）で17年目になる。17年前の1月，この町に相次いで越して来た3人のエスペランチストが，ストーブを囲んで，新しい会をつくろうと相談した。それがこの会の始まりである。それ以前，この町には運動の実績はほとんどなかった。

---

① 1981年1月号-82年11月号連載「エスペラント運動経営学」の一部。

28

なにをするにも，まず周囲を説得し共感を広めねばならなかった。

いま私たちの会が行うあらゆる行事には，すべて開催回数が表示されている。「第16回エスペラント展」，「第19回初等エスペラント講習会」というように。それは，私たちが会を構築してきた足跡を，具体的に残しておきたいからである。そして，その回数が増すごとに，会の「影響力」や社会的信用も大きくなって来たことを，あとに続く人たちに知ってほしいからである。1969年，会の創立4年目に私たちは，はじめてエスペラント大会をこの町に招いた。そして今年（1982年）も大会をこの町で開く。4度目の大会招致である。69年には，大会そのものの社会的認知を得るために，私たちは必死だった。ことし私たちは，この点についてほとんど「苦労」をしないですむ。私たちの会には，いわゆる「有名人」はいない。私たちはエスペラント運動の実力だけを武器に，ここまで歩んで来た。私たちがひそかに誇りに思うのは，なによりもそのことである。

自慢話をしたくて，こんなことを書いているのではない。私たちの会にとって「継承」が問題になるとすれば，会のこうした歩みを痛覚感とともに受け止めてくれる人の存在が期待されるはずであり，そのことを私は言いたいのだ。

この稿を読むあなたの会にとっても，問題はまったく同じだと思う。KLEG のような連盟などでも事情は変わらない。「戦後民主主義」の中で，市民的自立性を持った運動を大衆的にすすめ得る条件が生まれた。KLEG はその条件の中で今日の到達点を持った。なによりもそれを受け止めてほしいと思う。もちろん，「継承」とは過去の蓄積に無批判に隷属することではない。そういう受け身の姿勢からは「痛覚感」は生まれない。そして何度も言うが「痛覚感」こそが，新しい展開を生む柔軟な思考と行動の起動力となるはずである。

## 次の世代を信じて

それでは「後継者」をつくるために，運動組織はなにをすべきか。

第1に，運動の到達点を確認できる環境をたえず整備しておくことである。その意味でいえば KLEG も30年史を書くときが来ているわけだ。さらに個々の仕事に払われた努力のあとや問題点

も整理されていなければならない。大会，合宿，展示会，講習会などのマニュアルがそれである。自治体などへの提出文書をはじめ，あらゆる文書は必ずコピーして，事業ごとにファイルしておくことなどは常識である。同じことは連盟などの各部局でもいえる。本当に「継承」を考えるなら，あらゆる資料が，その資料を生み出した「考え方」と共に，親切に受け継がれて行かねばならない。

　第2に「ひと」の問題である。「継承」についての原則的な考えは，さきに述べた通りだとしても，エスペラント運動は多面的である。それぞれの分野で，「継承者」が必要である。私の経験では「継承」がいちばんうまく行くのは，次の世代の人たちと，いっしょに仕事をすることに成功したときである。そしてその仕事の仕方が，双方にとって受け身でないときである。若い活動家は，いっしょに苦労しながら，仕事の到達点も問題点も主体的に受け止め，自ら努力して自分自身の蓄積を見せてくれるだろう。そのことによって，「先輩」たちを乗りこえて行くだろう。最後に，エスペラント運動は思考力を持った「おとな」の仕事である。自己の良心を納得させることなしに，自立した人間は行動に起き上がるものではない。その意味では，いくつかの組織がすすめている，国際語理論への創造的追求や，「常識講座」資料の整備などを，私は評価したい。それらも，「継承」のために必要な道程である。

　いずれにせよ，「世代」の問題は，運動の中でますます重さを増すだろう。私は次の世代を信じて，遠慮なくモノをいおうと思っている。

## 「活動家」の条件

　何度も同じことを書くが，エスペラント会は自由な良心と自立した生活を持つ人が，「エスペラントを暮らしに生かそう」として集う場所である。当然のことながら，そこには，さまざまな思想や好みを持つ人がいる。エスペラントを学び始めた動機も，エスペラントを活用する目的も，それぞれに異なるはずだ。好きなことをやり，いやなことはやらないという自由が大切にされてこそ，「市民の会」といえる。

　一方，私たちは「エスペラント運動」という言葉をよく使う。

エスペラントは自由な人間の言語として機能しなければならない。そのためには，私たちはエスペラントが使われる土壌を意識して開拓しなければならない。その開拓の事業が「エスペラント運動」である。開拓に成功するごとに，エスペラント活用を通して感得される「市民的自由」も，現実性を帯びるはずである。そして，これこそが，良心の自由を大切にしながら，会員相互の協力に必要な合意を形成する基礎である。

　さまざまな考えを持つ人の間の合意と協力を組織することなしに，目的意識を持つ「運動体」は機能しない。そして，それはまことに苦労の多い仕事である。その仕事をすすめる力量を持つ人こそ，エスペラント会のマネージャーにふさわしい。大きく発展しているロンドや，よい仕事をしているエスペラント会には，例外なく練達のマネージャーがいる。「活動家」がいる。したがって，「後継者」のことをいうなら，私はやはりマネージャーや「活動家」の条件について語らねばならない。よいマネージャーを育てることができるかどうかが，エスペラント会の盛衰を決定的に左右するからである。

## エスペラントが出来てこそ「活動家」

　エスペラント会の中心的「活動家」に求められる第1の条件は，なによりも，「エスペランチストである」ということだ。もっとはっきりいうと，かなりの程度に「エスペラントが出来る」ということだ。すくなくとも，そのための努力を惜しまない人であってほしいと思う。私自身がエスペラント会の中で，あれこれの仕事をはじめてから，ずい分歳月が過ぎた。多くの人たちに出会った。いろいろな人が仕事に加わった。去っていく人もすくなくなかった。その経験の中から，すくなくとも次のことだけは断言できる。それは，「エスペラントの世界」から去った人たちにとっては，その人の生活の中でエスペラントの占めた位置が，結局のところ，それほどのものでなかったのだ，ということだ。ほんとうにエスペラントができ，エスペラントの魅力をかなりの深さにおいて知っている「活動家」なら，そうはならないように思う。エスペラント会も人間の集まりである以上，不快なことに出会うこともある。その結果，会を離れることだってある。しかし，その人が，私のいう意味で「エスペランチスト」であるなら，その

人は特定のエスペラント会を離れても，「エスペラントの世界」のどこかで，やっぱり「エスペランチスト」でいてくれるように思う。

「エスペラントが出来る」ということは，「エスペラントの魅力」をほんとうに理解することにつながるはずだ。それは「活動家」の心を，強くしなやかなものにしてくれると私は確信する。したがって，わが「経営学」の立場を率直に言うと，エスペランチストとしての力量を高める努力の伴わない「活動家」は，すくなくとも会の中心的マネージャーとしては，あまりふさわしくない。会の集まりが急速に崩壊した場面を経験した人なら，私のこのいささか失礼な発言の意味を理解できるのではないだろうか。

**「運動」と「市民的自由」と**

中心的「活動家」の第2の条件は，「運動」を理解しているということである。エスペラント運動は，単なる「仲良しコンパ」ではない。あらゆる市民的な運動と同じく，エスペラント「運動」も，社会的責任を伴う営みである。エスペラント界をとりまく環境を冷静に分析できる目と，活用の土壌開拓の足がかりを機敏に見抜く力と，多くの人の協力を組織できる人間的魅力とが必要ではないだろうか。「活動家」はエスペラント会の日常の営みにしっかりと足をすえながら，同時にもっと広い「エスペラントの世界」のことも考える人であってほしい，と私は思う。

中心的「活動家」の第3の条件は，市民的自由の強固な擁護者である，ということだ。いま目の前に展開されている「エスペラント運動」は，いわゆる「戦後民主主義」に依拠してここまで歩んできた。「戦後史」の意味が鋭く問われているいま，エスペラント運動も，組織的のみでなく，思想的意味においても，ひとつの試練を迎えているように思う。本稿のはじめに書いた「好きなことをやり，いやなことはやらない」という，自立した人間にとって当然の原則も，専制政治のもとでは，銃剣の意思に脅かされる。エスペラント運動が，全体として市民的自由の強固な擁護者であってこそ，エスペラントは「人間の言語」として機能する。「活動家」は，市民的自由や基本的人権に対する侵害に，絶えず鋭い感覚と関心を持つ人であってほしい。

エスペラント会の中心的マネージャーの条件として，私は最低，

以上の3つをあげたい。そしていうまでもなく，そのすべては，私自身にとっても，自分が「エスペラントの世界」にいる限り，自戒の言葉となるものである。

## 後継者づくり

　私は会のカナメとしての「活動家」の条件に，次の3つをあげた。エスペラントがかなりの程度に出来ること，「運動」を理解していること，平和と市民的自由の強固な擁護者であること。

　第1の条件は，エスペラント活用のよろこびと感動を自らの心に深く刻み込むことなしに，ひとを説得し組織することなど思いもよらない，ということを意味している。

　第2の条件は，組織活動の意味を絶えず自分に問いかけるよう「活動家」に求めている。それは対内的には，仕事のたびに組織の実情とその「足腰」の変化を見極める能力，会員や協力者の合意点を絶えず拡大できる力量，そして組織の経済的自立性（採算性）への自覚である。さらに対外的には，われわれの運動の社会的権威及び影響力に対する関心とそのための積極的対応である。ひとことでいえば，その「活動家」が，「仲良しコンパの幹事」のような心情を，前進的に克服できるかどうかにつきる。

　そして第3の条件は，お互いが人間であり，エスペラントも人間のためにあるという，もっとも基本的な原則を活動の土台にきびしく据えてほしいということである。

　すくなくとも，これだけの条件を備えた人物が，ロンドに2，3人もいたら，そのロンドは間違いなく発展する。そう断言してもいい。では，どうしてそういう人物を育てるのか。

## 「指導」ということ

　本物の「活動家」が育っていく過程を見ると，その人物の自主的な意思が，きわめて主体的に機能していることに気づく。人間は自分の意思で行動し，困難に出会って考え，成功のよろこびによって心をふるわせ，そのようにして成長の節目をつくっていく。そしてそのすべては，他からの強制によってではなく，その人自身の自由な意思によって営まれる過程である。「指導」という言葉を敢えて使うとすれば，それはある人間が自らの意思で自分を成長させ得る環境を，その人の周囲に整えることである。

　よい「指導者」は例外なくそういう営みに熟達している。私自

身をふり返ってみても，やはりそう思う。はじめてエスペラント
に出会ったとき，私のそばにはそういう「指導者」がいた。エス
ペラント運動を自分の生涯をかけた仕事にしようという思いが
心の中にふくらんだときも，やはりそういう「指導者」がいた。
その人たちは私にエスペラントをやるよう，クチやかましく言う
よりも，エスペラントの存在とその可能性を，巨大な事実として
私に見せてくれた。私が自分の意思でその事実をたしかめ，その
可能性を体験する状況を作ってくれた。「指導」とは単に「もの
を教える」ことではない。エスペラント運動の必要性をあれこれ
言う以上に，エスペラント運動の到達点や可能性を事実として示
し，相手が自分の意思で心を動かす状況を作ること，それが「指
導」である。「指導者」にとって一番うれしいのは，そういう「指
導」に積極的に応えてくれる人に出会ったときである。それは後
継者との出会いであるかも知れないからだ。

## 主体的な行動を

　ことし，私の町で関西エスペラント大会が開かれた。1年にわ
たる準備と，その成果としての大会の日日は，まさに私のいう意
味での「指導」を可能にする「場」そのものであった。私は，こ
の大会が開催地ロンドに，その会員一人ひとりに，そして私自身
に，どのような変化をもたらすかに絶えず思いを向けて来た。

　大会そのものの評価は，実際に参加した人びとの言葉に待とう。
しかし私自身についていえば，久しぶりに充実感を抱いた大会で
あった。なによりも，大会のすべての局面に，参加者の積極的な
意欲があふれていた。あらゆる意味で大会の主人公は参加者であ
った。きびしいエスペラントの錬磨や心をこめた仕事によって，
「われわれの大会」の伝統を鮮明にしてくれたすべての人びとに，
私は心からの敬意を表したい。

　さて，この大会の準備が比較的うまく行ったとすれば，いく人
かのマネージャーの存在に気づく。年輩者，女性，青年たち，そ
れぞれの層に，一応自主的に仕事を運営する力量を持つ人がいた。
年令だけでなく，仕事の守備範囲もそれぞれ異なっていた。そし
てその守備範囲の仕事を自主的に成功させてくれた。それは，
「マネージャー」をはじめ，大会の仕事をした人たちにとって，
やっぱり良い結果をもたらしたように思う。

運動を考える

　ある人は，私にこう言った。以前，この町で日本エスペラント大会が開かれたとき，自分は受付の仕事をすることになっていた。当日遅刻をして大会組織委員長に叱られた。いま，自分が受付をまとめる立場に立ったとき，あのときの「委員長」の心情が痛いほどよくわかる。

　また，こうも言った。財務上の「採算点」からできるだけ多くの人に参加してもらおうと，ずい分努力をした。そのうちに，エスペラント界に実績を持つ人たちからの申し込みが，関西以外からもつづいた。これほどの人が「われわれの大会」に期待を抱いてくれている。それはひとつの感動であった。大会はできるだけ多くの参加者を集めるのみでなく，その質においても勝負しなければならないのだ。

　考えてみると，こうしたことは，私自身が永年にわたって主張しつづけて来たことである。しかし，自由で自立した人間がそれをほんとうに理解するには，その人自身の主体的な行動が必要であった。大会準備は，その行動を可能にする環境をも作った。練習に練習を重ねた成果を大会で見せてくれた人も，大会文書や資料の印刷などに心血を注いでくれた人も，その仕事のすべてが，その人のエスペランチストとしての日日に，大きな節目を作ったことだろう。「仲間づくり」とか「後継者づくり」とかいうのは，こういう営みをいうのではないだろうか。

2010年9月号

# エスペラントを学ぶことの意義

北川昭二

　私が初めてエスペラントというものを知ったのは，今から50年以上も前で中学生の時であった。当時の私はペンフレンド・クラブに所属していたが，その顧問でもあり，かつ英語の担任でもあった渡部隆志①先生が学習を勧めてくれたのである。なぜか学習は2，3回で終わってしまったが，代わりに先生は一冊の本『エスペラント絵入り読本』（松原言登彦②著）をくださった。その本の冒頭にあった小坂狷二③氏の文章に私はすごく感動し，そのことが私のその後のエスペラント学習を決定的なものにした。そこには，ザメンホフがなぜエスペラントをつくったかという理由が述べられ，「何事もその意義を掴んでさえいればその道を進むことに迷うことはない」という趣旨の言葉が書かれていた。

　その後，高校時代はエスペランチストの会合に何回か出ただけだったが，大学に入ってからは学習するチャンスにめぐり合った。初めて本格的に習ったのは高校の先輩の坪田幸紀④さんからであった。その後の大学時代は KLES（関西学生エスペランティスト連盟）に所属しながら学生エスペラント運動に没頭した。3年の時に執行委員長になったが，そのときの執行部の仲間に今も活躍している現 KLEG 会長の田熊健二さんや横浜の JEI 元理事のドイヒロカズさんがいる。4年の時，東京であった UK や，大津であった IJK に参加することができた。細部についての記憶はかなり薄れてしまったが，そこで知り合った外国の人たちと後にヨーロッパで再会でき，エスペラントのお陰で世界が狭くなっていく

---

① わたなべ・たかし（1898-1993）事典
② まつばら・ことひこ（1906-2000）事典
③ おさか・けんじ（1888-1969）事典
④ つぼた・こうき（1940-2010）事典

運動を考える

のを感じた。

　卒業後は郷里の福井市へ戻り高校の教員になった。そこでは戦前から活動しておられた３人のベテラン・エスペランチストと交流しながら過ごした。その中のひとり伊藤己酉三①さんは“La Torĉo”というすぐれた月刊誌をガリ版刷りで出しておられた。教員生活３年目の夏には，ヘルシンキで行われた UK②やスウェーデンのトゥレシェでの IJK③に参加した。大会後１カ月ほどの間，主として大会で知り合ったエスペランチストたちを訪ねながら，ヨーロッパをひとりで旅して歩いた。外国語はエスペラント以外何も話せない私にとっては，旅といっても冒険に近かったが，へたくそながらもエスペラントが何とか通じた喜びはこの上ないものだった。その上，何軒かの家にホームステイさせてもらったことで，これまで本でしか知ることのなかったヨーロッパの文化にじかに触れることが出来た。社会科の教師として何事にも代えがたい貴重な財産になった。街を歩いていて，胸の緑星章を見つけてエスペランチストが語りかけてくれたこともあった。

　その後，日常の仕事の忙しさにかまけて，エスペラント運動とは少し疎遠になっていった。学習は細ぼそと続けていたが，エスペランチストとの交流は時折り参加する日本大会や世界大会でするのが精いっぱいであった。しかし，20数年前，一念発起して福井市でエスペラント会を再興し，輪読会を始めた。1998年に金沢で日本大会があったとき，私も福井からの応援として運営参加し，金沢の川西徹郎さん，富山の桔梗隆さんとともに司会を担当した。大会大学にはベテランの竹下外来男④さんと KLES 執行部の仲間であった川平浩二⑤さんを講師として担ぎ出した。

　８年過ぎた後，私が定年退職したのを契機に入門講習会を県内

---

① いとう・きゅうぞう（1909-1972）事典

② 1969年ヘルシンキの第54回UK

③ 1969年トゥレシェ（Tyresö）の第25回IJK

④ たけした・ときお（1913-2000）事典

⑤ かわひら・こうじ（1943-2008）事典

の福井市と小浜市で始めて5年目になる。もちろん年により参加者数は異なるが，福井では2年目の8人を別格として，毎年3人ずつ参加し，ひとりは残っている。今はそうした人を集めて月2回の学習会を続けており，たまには福井に来る外国人を会によんで交流を行っている。

　こんなエスペラント人生を送ってきて，いま私が思うのは，なぜこれだけ長くエスペラントを学び続けて来られたのかということである。それは一方で，米国の政治的，経済的な優位性が世界を圧倒し，必然的に英語が国際語としての地位を獲得したかに見えるこの時代に，なぜあえてエスペラントにこだわるのかということの理由でもある。

　エスペラントを学ぶということは，他の言語，英語やフランス語や中国語といったものを学ぶのとは決定的に違う。それは，エスペラントがどの国・民族にも属さない中立の人工の言葉だからというのではない。そういうこともないではないが，私の強調したいことはそこではない。私にとってエスペラントがこの上もなく学び甲斐があるのは，いみじくもザメンホフが自らのペンネームに使ったように「esperanto（希望する者）の言語」だからである。図らずも言語の名称がエスペラントとなってしまったので混乱しそうだが，本来は，この言語をつくった人が esperanto であり，そのためもあって，この言語を学ぶエスペランチストの圧倒的多数が esperanto になっているのである。

　エスペランチストのほとんどは，現実の世界がどんなに幻滅を感じさせるものであろうと，いやそれだからこそ，理想の世の中を熱望する。戦争のない，平和で友好的な，公正で平等な，恵まれない人に優しい，そんな世の中の実現をどこまでも求めていく人たちの側にエスペランチストの多くは，いる。だからこそ私たちは，人びとが民族の違いを超えて共通のことばで心を通じ合うべきだというザメンホフの理想に共鳴することができたのだ。そして，我われは人類という家族の一員だとする homaranismo にも共感する。だとすれば，エスペラントを学ぶ意義はそこにある。普通の人びとがこいねがう理想の世界の実現を「希望する者」として，esperanto であり続けたいのだ。

　たとえ交通機関や情報機器がどれだけ発達し，英語がひとり国

運動を考える

際語の地位を獲得しようと，それだけで戦争や紛争がなくなったり，弱者が強者に踏みにじられる社会がなくなるわけではない。人間の尊厳をないがしろにする世界が依然として続く限り，どこまでも世界の平和と人権の確立を求めてやまない esperanto が「未来をめざす言語・エスペラント」を学び続ける意義は消えないだろう。

　霊長類を研究している松沢哲郎氏の話[1]によると「チンパンジーは今を生きている。だから，将来について思い悩むことはない。それに比べて人間は，今だけでなく，過去に学び，未来に生きることのできる動物である。見えないものを見る力があり，これからのことや地球の裏側などにも『思いを馳せる』ことが出来る」とか。であるなら，私たちは人間らしく，未来の世界を構築する「事業」に携わりたい。エスペラントを学ぶということは，単に中立の言語を操るだけでなく，そんな未来を視野に入れた生き方のひとつを選択することだと私は思う。

　繰り返す。私たちはどの国の人とも等しく心を通わせるエスペランチストであると同時に，理想的な世界の実現を求めてやまない esperanto（希望する者）であり続けたい。その一点にこそエスペラントを学ぶことの意義があると思うのである。

---

[1]　2010年3月26日のNHKハイビジョン特集「世紀の大発見・謎の小型人類～もう一つの『指輪物語』」における京都大学霊長類研究所・松沢哲郎教授（当時：所長）の話。 原注

運動を考える

2008年7月号

## 愛妻への最良の贈り物

岡本三夫

珠代さん

　昨年来，エスペラントに夢中になった私が，なぜそれをあなたに贈呈したいのかを説明します。今度は拒否せずに是非受け取ってくださいな。お願いします。この6月で75歳になる私が新しい言語を学ぶには少々遅すぎたかなと思いながら，知ってのとおり高校生並みに単語帳や単語カードを利用して日夜エスペラント学習をしているのは，こんなに面白い経験は滅多にないからです。しかも，私のライフワークである平和学の理念とも通底しているのですから，もう願ったりかなったりです。

　一般に国家は（例外もあるけど），ひとつの言語によって国民を統合します。つまり，主要言語の背景に国家権力があるのは明白です。強大な軍事力に支えられた言語が大帝国の共通言語となった例としては古代のギリシャ語，中世のラテン語があり，現在は世界最強の軍事力を誇る国際共通言語の米国式英語がそうです。20世紀まで続いた植民地時代に，西・英・仏・独・伊などの主要言語が土着の言語を圧迫した痛ましい歴史もあります。日本帝国主義は朝鮮語を滅ぼそうとしました。

　そういう中で120年以上も前に考案されたエスペラントが，国の後ろ盾なしに存続し拡がってきたのはほとんど奇跡的です。その理由のひとつは，エスペラントには国家という壁を超えてヨコに繋がろうとする民際的・脱国家的な渇望があるからです。この繋がりへの渇望は言語平等主義と互恵的相互主義に由来します。発案者のザメンホフは，当時はロシア語が公用語だったポーランド居住のユダヤ人として，ロシア語とポーランド語という二つの外国語の重圧下にあり，自らの言語権を強く意識せざるを得なかったのです。

　田中克彦氏（私のエスペラント熱の火付け役となった岩波新書『エスペラント ― 異端の言語』の著者）によると，世界には今

40

7000以上の言語があるけど，その半数は今世紀中に消滅する絶滅種なのだそうです。それぞれの言語には固有の世界観が秘められているので，「ある言語の喪失」は「ひとつの世界の喪失を意味する」と，田中氏は言います。インカ語やアステカ語が存続していたら，どれほど興味深い異質の世界観を共有できただろうかと想像するだけで胸がドキドキしてくるではありませんか。身近にもアイヌ語や琉球語の消滅問題があるのは周知のとおりです。

　エスペラントは他言語を脅かしたりはせず，逆にそれらの個性を重んじ，その存続を助けます。エスペラントは媒介言語であり，「緩衝言語」（田中克彦）ですから，むしろ固有の言語の味方なのです。エスペラントはエスペラントの学習会，エスペラント大会，エスペランティスト間でしか使われませんから，自然言語にとって替わる言語ではなく，あくまでも相互理解のための補助言語に過ぎません。宮沢賢治や柳田国男や長谷川テルが熱心なエスペランティストであり，新渡戸稲造が支持者だった理由がやっと分かってきました。

　あと何年，外国での国際学会に一緒に参加できるか分からないけれど，これからはできるだけエスペランティストとの交流に重点を置きたいと願っています。各国で開催されるエスペラント大会にもなるべく夫婦で参加したいものです。世界エスペラント大会は「通訳不要の大会」だそうだから，学習歴に応じた優劣はあるだろうけど，ネイティヴ対非ネイティヴという絶対的な落差は感じないはずです。

　広島エスペラント会の世話役をしておられる忍岡守隆・妙子ご夫妻は，共にエスペランティストなので家庭でもエスペラントをお使いのようです。たった16の規則しかなく，例外ゼロのエスペラントの学習は容易だから，英独仏学習の経験のある珠代さんの場合は，私の場合同様，1日30分の学習で2週間もやれば，あとは辞書を使って手紙が書けるようになります。それにもうひとつ。エスペラントは素晴らしいボケ防止の特効薬だそうです。というわけで，今回は私からの「最良の贈り物」を是非お受け取り下さい！

## ＜第2部　ザメンホフを考える＞

1951年12月号

### ザメンホフを思う

**野島安太郎**

　ザメンホフの誕生日を迎えるたびに思いを新たにするのは，エスペランチストの幸福についてである。ザメンホフは冷静な理知によって国際語の問題を追求しながらこれを冷やかな理論だけに終わらせず，広い，暖かい，人類への無限の愛をもってわれわれの心の中にしっかりと根をおろさせた。いや，むしろ，ザメンホフにあっては，すべてはこの愛から出発し，彼はこの愛をもって一生を貫いた。この偉大な人格を，われわれが一生の仕事として選んだエスペラント運動の創始者として持っていることはわれわれエスペランチストにとって何よりも大きな幸福である。

　もちろん，エスペラント運動のような運動が特別の個人とのつながりによって意義をもつものではないことはいうまでもない。エスペラント運動はそれ自身のもつ必然性によって生長し，その使命を理解する多くの人たちをその周囲に集めて行く，それはエスペラント運動に限らず，こうした多くの運動について全く同じである。けれども，それらの多くの運動の間にあってわれわれが特にエスペラント運動に深い生きがいを感じ，これに打ちこんで行く気持ちの底には，やはりザメンホフというひとりの大きな人格を見いだすのである。そしてここに，われわれはエスペランチストの幸福を感じるのである。

　ザメンホフの思想そのものについては，多くの批判がなされるのは当然である。とくに彼のおかれた特別な環境，彼の目の前いっぱいに大写しにされた現実の姿が社会の構成の原理に対する彼の理解を不徹底にしたことは疑えない。けれども，大衆の知恵に対する彼の理解，一生を通じてついに揺らぐことのなかったその信頼は絶対に正しい。大衆は歴史の行く道を身をもって感じている。そして何を求めなければならないかを知っている。彼はエ

スペラントを世に送り出したその日から，それを大衆の手に渡した。そして大衆は彼の信頼を裏切らなかった。彼の大衆への深い信頼は，彼が社会の，そして歴史の発展について正しい理解と見通しとを身につけていたことを示している。そして，この大衆への理解と信頼こそは，彼の大きい人類への愛につながっているのである。

1977年4月号

# ザメンホフ没後60年に思うこと

## 藤本達生

　エスペラントは，見方によっては，きわめて実用性の高い言葉である。しかし，世間的には，とくに実用的な言語として通用しているとはいえない。その理由のひとつは，この言葉が「単なる言語」ではなく，なんらかの「思想」と結びついているからであろう（結びついていない，というのは「ブローニュ宣言」①　にもあることだけれど，それはタテマエである。この「宣言」があるからと言って，自分の好きなように使ったら，すくなくとも「エスペランティスト」としては，ぐあいがわるいこともある…というのがホンネであろう）。

　そうなったのは，ザメンホフのせいである。このひとはいまのところ，主として「エスペラントの創始者」として知られている。一般の社会では，ザメンホフが「ホマラニスモ」②　に到達したというような面は，ほとんど知られていないと思われる。あるいは，まだ認められてはいないというべきであろうか。日本の場合は，たとえば岩波新書の一冊に『エスペラントの父・ザメンホフ』という伊東三郎③の本があり，これにもホマラニスモのことは出ている。とはいえ，ホマラニスモに注目してザメンホフを評価する…といったことも一般にないように思われる。まだ，そういう時代は来ていないのかも知れない。

　一般はともかく，われわれエスペランティストはどうであろうか。ホマラニスモのことまで考えなくても，われわれとしては「間がもつ」という事実がまずある。ザメンホフの文章を読んでいるだけでも，結構時間がかかり，「言葉」の勉強をしているだけで

---

① フランスのブローニュ・シュル・メールで開催された第1回世界エスペラント大会で採択された「エスペラントに関する宣言」
② Homaranismo（本書p.55参照）
③ いとう・さぶろう（1902-69） 事典

ザメンフォとの「つきあい」にはことかかないわけである。ホマラニスモがザメンホフの目的であり，エスペラントは手段にすぎなかったにしても，この国際語を学ぶということ自体がひとつの目的にもなり得るという事情がある。手段が目的化することが文化であることを考えてみれば，それも仕方がないであろう。また，エスペラントは，やはり手段であるとしても，多くのひとにとっての「目的」は，何もホマラニスモでなくてもいいし，各自お好みの目的があればいいわけである。

　要するに，エスペラントを勉強していてさえ，ザメンホフの思想，あるいは理想に忠実である必要はないのだから，一般の社会において，ホマラニスモの面からザメンホフが評価されなくても不思議ではないであろう。すくなくともいままではそうであったし，当分はそうであろうが，しかし時代はすこしずつ変化しつつあるような気がする。そのうちに，世界は，ザメンホフのホマラニスモに注目するような時代をむかえるのではないかと思われる。

　まだ「その時期」が来ていないときに，何かについて主張すると，コッケイにひびくものである。それは，ある時代には大マジメに受けいれられていたことでも，その時がすぎてみると，じつにコッケイなことになるというのと似ているかも知れない。もっと時間がたってみると，ザメンホフというひとは，ホマラニスモで有名になり，「なお，エスペラントも，かれの手になったものである」ということになるような気もする。

　わたしは，「思想としては」，ホマラニスモは正しいと思っている。しかし自分では，とても「よう実行できない」から，あえてホマラニスモの宣伝家にはならない。全面的に実行はできなくても，ザメンホフが考えたホマラニスモとは，どんなものであったのかを考えたりもう一度見直してみよう，いまの人類にとってどういう意味があるかを考えてみるだけでも，何かの役に立つのではなかろうか。自分に実行できないからといって，ホマラニスモは「時代おくれ」だ，とは思えない。

　『世界思想家全集』に入っているような思想家たちの思想とは異なり，ザメンホフのホマラニスモは，一見単純そうに見える思想である。だが，「人を人としてのみ見る……」というのも，実

行するのはむつかしい。しかしながら，いわば「人類の課題」ともいうべきものがホマラニスモであると思うから，せめては自分なりの努力目標として忘れないようにしたいと考えている。

　課題といえば，さきごろ，第7巻をもって「ひとまず」完結した『ザメンホフ』（いとうかんじ）①の最後の章は，"la problemo ne estas solvita"となっている。全部で350章，正味4576ページもある力作の最終ページには，「……ぼくたちはわき目もふらず，あらんかぎりの力をふりしぼって7000枚をこす原稿用紙を言葉でうめつくしたというのに，問題の一部分をもよう解きほぐしていない。ただ本の背にいれる星の数を北斗の数とひとしくしただけのことにおわってしまった」とあるけれど，さて，その「未解決」の「問題」とは何であろうか。それはザメンホフが生涯にわたって直面していたものであり，われわれも，すくなくともその一端には関係のある問題であるが，それについては，『ザメンホフ』の「星ななつ」②を見ていただきたいと思う。なおこれは，「大河小説」といわれているが，資料的に言えば，「ザメンホフ論説・書簡集」でもある。

---

① 伊東幹治『ザメンホフ』全7巻（1967-1977）。『ザメンホフ余滴』
　　（1978）はその補遺。いとうかんじ＝ludovikito（1918-2005）は，
　　全54巻の"Plena Verkaro de Zamenhof"を編集出版。事典
② 『ザメンホフ』の第7巻（各巻は「★」の数で表記されている）

1984年12月号

## 読書はエスペラントを育てる
### － ザメンホフ祭に寄せて －

### 小西 岳

　一介の眼医者ザメンホフによって始められたエスペラントという事業が世界中に広がり，根を張り，今百周年を迎えようとしている。ほかにも何百という「人工国際語案」が生まれ，消えていったのに対し，エスペラントだけが確かな実績を持つにいたったのは，提案者ザメンホフの考え方がすぐれていたからにほかならない。「言語はそれを使う大衆のもの」という民主的言語観がそのひとつであるし，言語上の不平等撤廃，平和・友好といった理想を唱えて運動に精神的支柱を与えたことも大きい。が，言語としてのエスペラントに関して見落としてはならないのは，「言語は実践によってきたえられる」という，現実主義的な姿勢であろう。

　『第一書』①を世に出す以前の pra-Esperanto②の時代，ザメンホフは原作詩や翻訳によって自分の言語案が実用に耐えるかどうかを試し，改良を重ねた。エスペラント発表後も，シェークスピア③，ゴーゴリ④，シラー⑤などの名作の翻訳に精を出した。このことは大変重要な意味を持っている。

　民族語の場合でも，その近代的な形態の成立は文学によってなされているのである。日本語についていえば現在の口語文は二葉亭四迷，山田美妙に始まり，漱石，鴎外にいたる明治文学によって生み出され，ねりあげられたのであった。

　実際，アンデルセン童話集や『検察官』や『群盗』などなどの

---

① 1887年に出版された最初の本は，"Unua Libro"とよばれている。
② ＝ Lingwe Uniwersala （本書p.122参照）
③ "Hamleto"（初版：1894）『ハムレット』
④ "La Revizoro"（初版：1907）『検察官』
⑤ "La Rabistoj"（初版：1908）『群盗』

ザメンホフ訳がなかったならば，エスペラントは標準的な文体というものを持ち得なかったであろう。ザメンホフが単なる提案者・普及活動家にとどまらず，文学翻訳に努めてくれたおかげで，エスペラントは，いわば「言霊 (ことだま)」を吹き込まれたのである。

　こう考えてくると，われわれエスペランチストにとってエスペラントの本を読むということがいかに重要であるかがわかる。本を読むことによって，われわれは個々の単語やさまざまな言い回しの持つニュアンスを習得してゆくことができる。別の言い方をすれば，エスペラントの言霊を吸収してゆくのである。

　そして，それは単に自分のためだけの学習なのではない。

　エスペラントがいかにすぐれた言語であり，そしてすぐれたエスペラント作家が居ようと，書かれたものを理解し感じとってくれる人たちが居なければ，エスペラントに本当に表現力があるとは言えないであろう。逆に，エスペラントという言語に対する感受能力のより豊かな人がより多く居るほど，エスペラントはより豊かな表現力を得たことになる。読書は，その感受能力をはぐくむための，欠くことのできない手段なのである。関西エスペラント連盟が関西大会や日本大会などの機会に記念品として図書を出版してきたのも，図書の持つこのような役割を重視したからであった。

　オーディオ・ビデオが幅をきかす時代とはいえ，図書のはたす役割はまだまだ大きい。ザメンホフ祭の機会に，読書の持つ意味をいま一度見直してみよう[1]。

---

[1] ザメンホフの誕生日（12月15日）を中心に世界各地で開催されている「ザメンホフ祭」を Tago de Libro として，「エスペラントの本を買おう」という呼びかけが行われている。

ザメンホフを考える

1988年12月号

# ザメンホフの三つの功績
## － 運動の原点を再確認するために －

小西 岳

　エスペランチストたるもの，ザメンホフの功績などは先刻承知であって，今さら，またか，といわれるかも知れない。が，耳にタコであっても，やはり年に一度，われわれの運動の原点を再確認してみたいと思う。

　ザメンホフの功績は大きく3つの点に集約できるだろう。

　その第1は，もちろん言語エスペラントの体系を作り上げたことである。国際語を創造するにあたって彼が何よりも心を砕いたのは，「生きた人間の言葉を」ということであった。品詞語尾や接尾辞・接頭辞の採用などによる学び易さ・論理性がしばしば評価されるが，エスペラントが理論倒れに終わらなかった最大の理由は，ザメンホフ自身が翻訳や詩作によって自分の作った言語を試し，「言霊」を吹き込み，実用に耐える言語に鍛えあげたことにある。Volapük のように「一夜にして」作られた言語[1]ではないゆえにこそ，エスペラントはその生命力を持ち得たのであった。

　第2の功績は「言語はそれを使用する大衆のもの」という，きわめて民主的な言語観に立ち，創始者としての権利を放棄したことである。そのことによってエスペラントには民族語と同じく，使用者の創意工夫によって自然な発展をして行く道が開けたのであった。彼が権利を放棄することができたのは，「この言語を使用する人たちがこの言語を育てていってくれるのだ」という確かな信頼があったからである。そしてその信頼が正しいものであったことは，エスペラント百年の歴史が証明している。

　第3に，というより，ザメンホフ自身にとってはこれが第1の

---

[1] Volapük（ヴォラピュク）は，1879年，ドイツのカトリック神父 J.M. シュライヤーが神の啓示を受けて（一説には，一晩で）創作したといわれている。

49

ザメンホフを考える

動機であったろうが,「平等・平和・友好」という理想を,この国際語普及運動の基本理念に据えたことである。このことによってエスペラントは単なる「便利な道具」以上の存在となった。この精神的支柱がなかったならば,エスペラントはおそらく生き続けることができなかったであろう。

"Por ke lingvo estu internacia, ne sufiĉas nomi ĝin tia."[1] というザメンホフのことばにこめられた彼の思いを,いま一度かみしめてみよう。

---

[1] Unua Libroの表紙に,次のように書かれている : Por ke lingvo estu tutmonda, ne sufiĉas nomi ĝin tia. (原文はロシア語)。英語版 : For a language to be universal, it is not enough to call it that.

50

1993年5月号

# ギルドホールで考えたこと
## ザメンホフの「エスペラント主義」

### 小林 司

　もう40年ほど前にザメンホフの演説集[1]を読んだ時から，ロンドンのギルドホール（Guildhall）へ，一度行ってみたいと思っていた。1907年に1317人の参加者を得てケンブリッジで第3回世界エスペラント大会が開かれた後，ザメンホフがロンドン市に招かれて，同年8月21日に講演をした場所である。

　それは，ロンドン塔西北1キロほどの地点にあり，シティー[2]の真中，いわば銀座4丁目のような所に建っていた。外観はカンタベリーやウィンチェスターのカテドラルに似ているので，教会かと思ってしまう。中に入ると，むやみに天井が高い巨大な体育館のような構造になっており，天井からは大きなシャンデリアが幾つも下がり，窓にはステンドグラスが鮮やかな色彩を放っている。壁面の上部には地方の王侯貴族の紋章と旗が何十も飾られ，下方には英国に重要な貢献をした人びとを讃える大理石の大彫像が並んでいる。ウィリアム・ピット，ウェリントン，ネルソンなどをギリシャ神話の神々が取り巻いている芸術作品だ。南ア戦争や第一次世界大戦の戦没将兵慰霊像もあり，いずれの台座にも海戦や肉弾戦のパノラマがレリーフになってはめ込まれている。床に簡単な木製長机と木の椅子が600人分ほど並べてある。15世紀に建てられたこのホールは，イングランドではウェストミンスター寺院に次ぐ大ホールであり，王室のレセプションなどの国家的重要行事に使われている。

　海戦のレリーフなどがあっていささか血なまぐさいこの立派なホールで，ザメンホフが話したことは一口で言えば「愛を説くエスペラント主義と愛国心とは矛盾するものではない」というこ

---

① "Paroladoj de D-ro L.L.Zamenhof"（JELK, 1997）等がある。
② City of London : the Cityともよばれるロンドンの中心部

とだった。

　彼はこう述べている。「私たちが聞かなければならない第二の非難は，私どもエスペランティストが愛国心を持たない非国民だというそしりです。エスペラント主義を思想として抱いているエスペランティストは，諸民族の間の正義と友愛とを主張しています。熱狂的民族主義の愛国者によると，自分たちの物でないすべての物に対する憎しみから愛国心が成り立っているのですから，私どもは彼らの考えによれば非国民になるのです。（略）真の愛国心はすべての物を建設し，保存し，幸福にする全世界の愛の一部です。愛を説くエスペラント主義と同様に愛を説く愛国心とは決して相いれないものではありません。（略）一人の人間が他の人に対してオオカミではなくなる日がいつかは来るでしょう。（略）お互いに平和に親しく生活し，彼らが生活している土地で十分理解し合って働き，（略）互いに一致して，すべてひとつの真理，ひとつの幸福を目指して進んで行くでしょう。そして，いつかその幸せな時が来るならば，それはここに集まっておられる人達のあくことを知らない働きの成果にほかならないのです。その人たちの名は，まだろくに知られてもいないし，たいして好かれてもいませんが，エスペランティストというのです」①

　今から90年前，帝国主義華やかなりし時代の帝国主義と愛国心の牙城のような，このギルドホールにおいてザメンホフがこれだけのことを話すのにはどんなにか勇気がいったことであろう。

　その前の8月12日には，彼はケンブリッジで大会演説を行っており，その中で，エスペラントの「内在思想」（interna ideo）を強調している。「私たちがエスペラント主義のために宣言し宣伝するのは，私たちめいめいが個人的にそれから得られるであろう利益のためではなくて，エスペラントが全人類に対して持っている重要な意義のためであり，私たち積極的なエスペランティストをエスペラントに引きつけてきた共通な目的のためなのです。（中略）エスペラント国で支配的なのは，単に言語としてのエスペラントだけではなくて，またエスペラント主義の内在思想でもあります」。この「内在思想」については，彼は1906年ジュネー

――――――――――――――――――――――――――
① 川西徹郎編『新ザメンホフ読本』（JEI，2009）に原文と日本語訳。

ヴで開かれた第2回世界エスペラント大会の演説の中で，それが「すべての民族間の友愛と正義」を指していると述べている。

この考えは，彼の故郷ビャウィストクにおけるポグロム①を見た体験からにじみ出たものだ。1905年の6月から10月までの5カ月間だけでも，ビャウィストクを初めとする350か所で大虐殺が725回もおこり，死傷者は20万人にのぼった。

「ユダヤ人の老人や子供の頭蓋骨は斧や鉄棒で打ち割られ，眼球をえぐり出されました。何の理由もなしに，彼らがただユダヤ人であるということだけでこんなひどい目にあわされてしまうのです」（第2回大会演説②）

ザメンホフがギルドホールで話してから90年もたつのに，世界の状況はまったく変わっていない。特にイスラエル，ユーゴスラヴィア，カンボジア，インド，アフガニスタンでは民族抗争が止まるところを知らないように行われている。

これはまことに悲しい現実である。私たちエスペランティストは何ができ，何をなすべきであろうか。

私たちは権力も武器も富も持っていないが，他の人たちが乗り越える事の出来ないコミュニケーションの壁をやすやすと越える事が出来る。さらに，エスペランティストの大部分は「友愛と正義」を信じている。遠回りのようでも，これらを活かして，一歩一歩平和な世界を築いていくほかないであろう。

憲法第9条を改正して，他国の民族抗争を鎮圧すべきだなどという意見もあるようだが，太平洋戦争のときに日本がアジアの諸国にどれほどの迷惑をかけたかを知れば，そんなことはとても言えたものではあるまい。

自衛隊は戦力に当たるから憲法違反だとした伊達判決③を，最

---

① pogromo: En la Rusa imperio, amasbuĉo k elrabado de judoj, registare instigita aŭ aprobita: la unuaj pogromoj [...] okazis en Ruslando en la periodo 1881-1917 (PIV).
② 原文は"Paroladoj de D-ro L.L.Zamenhof"（JELK, 1997）ほか。
③ 砂川事件（1957年米軍立川基地拡張に反対した東京都砂川町の反対闘争で学生等が検挙・起訴された事件）における伊達秋雄東京地裁判事の判決（1959年）。

高裁は破棄して駐留米軍は戦力には当たらない，とした，長沼ナイキ基地訴訟①その他をみても，裁判による言いくるめによって私たちがもしごまかされれば，戦力でないはずの自衛隊が再びアジア諸国を侵略し始めるのではないかという心配の声が諸外国から既にあがっている。（裁判所が太平洋戦争中に，エスペランティスト達に対していかにでたらめなフレームアップで判決を下したか，さらにその責任をとろうともしなかったことを忘れることはできない）。日本の教科書がアジア侵略の事実を隠して載せていなかったことを外国から非難されたのもまだ記憶に新しい。広島や長崎の原爆の惨禍をエスペラントに訳して外国に紹介するのには熱心だった日本のエスペランティストも，アジアの民衆の声を日本に伝えるのにはあまり力を入れなかったような気がする。

　ギルドホールは，訪れる観光客もなくて静まり返っていたが，そのしじまを破ってザメンホフの力強い声が響きわたるのを私は確かに聞いたのである。

---

① 北海道長沼町に航空自衛隊「ナイキ地対空ミサイル基地」を建設する計画に反対した地元住民の訴訟に対して，1973年札幌地裁は自衛隊を違憲として原告の「平和的生存権」を認めたが，二審（1976年）では破棄された。

1997年12月号

# ザメンホフと人類人主義

三宅栄治

　ザメンホフは1859年12月15日，ポーランドのビャウィストク
に生まれました。この日を記念して祝う行事がザメンホフ祭で，
今年も各地で催される予定になっています。ザメンホフがエスペ
ラントを発表するにいたった動機は，「人類人主義」（homara-
nismo）であるといわれていますが，ここでは少しそれに関して
書いてみたいと思います。

　エスペラントの「内的思想」（interna ideo）とも表現される
この人類人主義のためにザメンホフは大きな努力を払っていま
す。しかし，1905年の第1回世界エスペラント大会では，この
思想に反対するグループによっていわゆるブローニュ宣言が行
われ，「あるエスペランチストたちが，あらゆるこのほかの思想，
あるいは希望をエスペラント主義と関連させることがあっても，
それはまったく個人としての事柄であって，エスペラント主義は，
これに対して責任を負わない」[1] としてエスペラントと人類人主
義との直接のかかわりを否定しました。

　これはエスペラントの中立主義の宣言として有名ですが，ザメ
ンホフはこの時期に生じた実利主義的な運動の傾向を批判し，第
2回世界大会では，次のような講演を行っています。

　「エスペラントを自分たちの利益のためだけに用いようとす
る人びとに嫌われるかも知れないという懸念から，エスペラント
主義の最も重大な，最も神聖な目標，すなわちエスペラントの戦
士たちを常に導いてきた星であるこの（内的）思想を，私たちの
心から引き離さねばならないのでしょうか。いいえ，断固たる抗
議をもって私たちはこの要求を退けます。もし私たち初期のエス

---

[1] 'Deklaracio pri la esenco de la Esperantismo'
　原文："Paroladoj de D-ro L.L.Zamenhof"（JELK, 1997）
　日本語訳：水野義明編訳『国際共通語の思想』（新泉社, 1997）所載
　の「エスペラント運動の本質に関する宣言」

ペラント戦士の行動から思想的なものを除けと強制するならば，私たちは奮然としてエスペラントのために書いたものを残らず引き裂いて，焼いてしまい，苦痛ではあるが，私たち一生の労苦と犠牲を無に帰するでありましょう。そして私たちの胸につけた緑の星をはるかかなたになげうち，こう叫ぶでしょう。商売や実利のためにのみ役立たさねばならないようなエスペラントと私たちは一切関係ないと」[1]

　ザメンホフはこの信念を生涯貫きますが，ザメンホフ祭にあたって，この思想について，その是非も含め，考えてみてはどうでしょうか。

---

[1] 原文は，"Paroladoj de D-ro L.L.Zamenhof"

2007年7月号

## ザメンホフのユダヤ性

### 三浦伸夫

昨年（2006年）末，イスラエルではエスペラントの切手が発行された。文字で描いたザメンホフの肖像を含む多色刷りのエスペラント誕生120周年記念であり，かつまたザメンホフ没後90周年を記念してでもある。いずれにせよイスラエルでエスペラントの切手が発行されたのは初めてのことである。100年ではなく120年というユダヤ教にとって重要な年に，しかもザメンホフ割礼の日に発行されたことは今日少なからずの意味があるように思える。

ザメンホフは信仰深い父親の元で育ったれっきとしたユダヤ人である。本人自身，単なる一般的意味でのユダヤ人（judo）ではなく，歴史的伝統を受け継ぐヘブライの民（hebreo）と名乗っている。彼はポーランド人でもリトアニア人でもない。日常的にロシア語を話し，ザメノブ[1]という名前で生まれたとしてもロシア人でもない。イディッシュ[2]を話すことの出来るユダヤ人であるからこそ，彼はロシア語によるイディッシュ入門書『新ユダヤ語の文法』[3]の執筆（1879-81年頃）を急いだのである。

ザメンホフの生まれたのは，東欧のユダヤ人がゲットーに押し込まれ，やがてポグロムが頻繁に起こることになる悲惨な時代であった。ゲットーが日常化していくと，ユダヤ人たちは道端に死

---

[1] ロシア語で Заменгов（Zamengov）あるいは Заменов（Zamenov）
[2] 東欧のユダヤ人の間で話されたドイツ語にヘブライ語やスラブ語が混在した言語で，「乱れたドイツ語」と見なされていたが，近代では多くの文学作品も著作された。
[3] 本書p.82参照。

体が積み上げられているのを毎日見て暮らさねばならなくなった。このような時代背景の下にこそエスペラントが生まれ普及していった。考案者ザメンホフのユダヤ性は初期エスペラントの展開に重要な役割をしていたと思われてならない。ザメンホフ自身，当初シオニズム運動に献身的にかかわったが，やがてその限界を悟るようになる。ユダヤの選民的運動では何も解決できず，宗教の違いこそが問題をより大きくするのであると。そのために1901年にヒレル主義を提唱する。これはユダヤの長老ヒレル（前1世紀―後1世紀）の名前に由来するが，ザメンホフ自身が提唱した，宗教間の橋渡しをする中立的なものである。しかし，この名前自身が物語るように，ユダヤをいまだ念頭においており，彼にとって宗教とは一神教以外には考えられなかったようである。いまだ彼の思想には限界があったのである。それを乗り越えて提唱したのが人類人主義に他ならない。これは前提としての一神教というよりは，人間の側に立った新しい社会規範・倫理である。いってみれば人類は皆兄弟，宗教の違いを越え人類を一つにしようという思想に他ならない。この成立の背景には20世紀初頭という時代，しかも東欧という地理的状況が垣間見られる。19世紀末の西欧では，ドレフュス事件などユダヤ人問題が社会を賑すことはあっても，科学技術の急激な進展が他の地域に比べて顕著であり，理念よりは実用性が重んじられていた。だからこそボーフロンたちのいわゆるフランス学派が誕生したのであろう。彼らはザメンホフの主張するエスペラントの内的思想を排除し，エスペラントの言語にのみ注目し，そこに有益性を見たのであり，ザメンホフ自身の本来の思想とは相容れないものであった。1905年第1回世界大会での演説をめぐって，内的思想を込めた詩を朗読すると訴えるザメンホフと，その断念を迫るフランス学派との対立の中，彼らの目前でくやしさのあまりザメンホフが涙したという痛ましい事件もあった。いずれにせよ，20世紀初頭に西欧でフランス学派が生まれたのも歴史的に振り返ると当然の成り行きであり，これをくぐりぬけてこそエスペラントは地域を越えて発展していくことも事実である。他方ザメンホフの方針，すなわちエスペラントを実践的言語として捉えること，内的思想である人類人主義の普及，そして個人としてのユダヤの伝統の保持，この3点

は彼の中では調和していても，他人には矛盾しているものと映った。多様化していく社会でそれらの並立を説く彼の痛ましい努力は感動的である。

　さて，ザメンホフのユダヤ性そのものは死後エスペラントとは形式的には関係がなくなるのであるが，しかしそれでもこのことは今日でも影響があるように思えてならない。その一つは，ムスリムへのエスペラントの普及の問題である。単発的な普及は各地で認められるが，制度的な普及運動はほとんど見られないからである。このことは今日のムスリム諸国に西欧的民主主義や言論の自由が徹底してはいないことなどの社会的・政治的要因も多分にはあるが，またエスペラントの考案者がユダヤ人であったことも関係なくはないようだ。したがってパレスチナ問題も遠因のひとつなのである。単にかつてのフランス学派のような普及の仕方では，エスペラントはもはや英語の有益性に太刀打ちできないのはいうまでもない。すでにザメンホフの中では人類人主義によって，エスペラントは民族や宗教を超えた言語であるということは解決済みではあるが，その理念が指摘されずに済まされれば，今日の政治的・社会的状況ではムスリムの中ではエスペラントのとどまる場がなくなってしまう。

　さらにもう一つ指摘しておこう。ザメンホフは今日のポーランド出身であるが，彼の生きた時代，多くのユダヤ人がその地（帝政ロシア領ポーランドやリトアニア。ただし今日の両国地域とは多分に異なる）にいた。しかし第2次大戦後，そこにはユダヤ人はほとんどいなくなってしまった。これはもちろんホロコーストの悲劇によるものであるが，しかしそれだけではなく，そこには複雑な事情が絡んでいる。リトアニアでは戦時中，リトアニア人は支配者ソ連からの独立を目指しナチ政権に助けを求め，他方ユダヤ人はナチの反ユダヤ主義からの救済者としてソ連側についた。ユダヤ人とリトアニア人とには政治的な間隙が生じてしまったのである。またポーランドでは，かろうじてホロコーストから生き延びても，新生ポーランドにユダヤ人の生きる場はもはやなかった。ポーランドはポーランド人のみの国となり，多くのユダヤ人の居住を許したかつての多民族国家から西欧型の国民国家に生まれ変わってしまったのである。これはユダヤ人の多かった

ほかの東欧でも同様である。その間に生じたポーランド人による
ユダヤ人排除としてのポグロムはあまり知られていない。ポーラ
ンドはこれらの事件を公式に謝罪はしているが，国家としての謝
罪だけでは決して個人の心の傷はぬぐいきれない。ザメンホフの
生きた土地からのユダヤ人の消滅は，今日においてもいまだ見え
隠れする問題であるように思える。

　エスペランティストはこの100年に生じたユダヤ人にかかわ
る政治的社会的問題から眼をそむけてはならない。エスペラント
がユダヤ人によって考案されたから限界があると言うつもりは
もちろんないし，またあえてザメンホフのユダヤ性を強調するこ
ともない。理念上ではすでにザメンホフのユダヤ性は彼自身の中
で克服されているのであるから。しかし右に左に揺れ動く社会や
政治の中，エスペラントの普及実践の場においてユダヤ性の問題
はいまだ原点に立ち戻り真に克服されるべき重要な課題といえ
よう。われわれはザメンホフが辿ってきた思想上の遍歴，シオニ
ズム，ヒレル主義，そして人類人主義を今一度振り返ってみる必
要があるのではと思う。

2009年6月号

# 他者の苦しみを理解すること

### 野々村 耀

　ガザ[1]の報告を聞きに行った。報告者は沢山の写真を見せながら，爆撃や戦車砲で破壊された建物やアパートに眼を奪われがちだが，目の前で父親の頭が吹き飛ばされるのを見た女の子や白燐弾で体が焼け爛れた子供達の心の破壊を心に留めようと話した。

　イスラエルが行った残虐行為を聞きながら，よく「自分が苦しめられた者は，他者の苦しみを理解できる」と言うが，必ずしもそうではないと思った。

　「圧迫された民族は自分達が解放されると，かつて自分達が求め続けた権利を，他の民族に与えることを拒むだろう」と，ザメンホフはプリヴァ[2]に，民族解放にあまり期待しないようにと警告した。[3]

　神戸でも，震災の被災者（地震によるホームレス）を支援する人が，震災以前から野宿していた人を避難所から追い出したりした。

　ザメンホフは苦しい思いをした者も，他者を苦しめ得ると知っていた。エスペラントには，そのような人間のありようを乗り越えたいという思いが込められているのではないか。僕には，エスペラントを学ぶことは，そのような思いを共有することでもあるように思えます。

---

[1] パレスチナ自治政府のガザ地区。

[2] Edmond Privat（1889-1968）事典

[3] Kiam *Privat* en decembro 1916 vizitis *Zamenhof* en Varsovio,（...）*Zamenhof* avertis *Privat*, ke li ne tro esperu pri la venonta liberigo de multaj premataj gentoj, kiuj, liberigite, rifuzos al aliaj tiujn rajtojn, kiujn ili iam postuladis por si mem.（M.Boulton "Zamenhof", p.231）（参考：*LM* 2009年7月号, 10月号）

2009年6月号

# ザメンホフさんへ

### 藤巻謙一

　ザメンホフさん。好条件に恵まれ，また悪条件を克服して，あなたの創案したエスペラントは「ことば」としてすでに独り立ちをしています。使用者が世界中に散在し百万を超えると言われるいま，もうどんな力も，このことばを自分の意のままに変えたり，その話者を根絶することはできないでしょう。

　しかし，あなたをこのことばの創造に駆り立てた願い，つまり民族の平和共存は，まだ実現には遠い状態です。それどころか，民族と国家が複雑に入り組み，経済的格差がもめ事に拍車をかけ，政治屋どもが対立をあおり，ますます収拾がつかなくなりそうに見えます。

　もめ事を力ずくで解決しようとする試みは，みな失敗しました。不公平を正そうとする美しい理想も，強権で実現することはできませんでした。そもそも理想は，それ自体が押しつけがましいものなのかも知れません。

　ブローニュ宣言でエスペラントは「道具」となりました。あなたにとって不本意な事だったかも知れませんが賢明な選択でした。押しつけがましい理想より自由に選べる道具がいいです。権力や金力に強いられるのではなく，自由の中でひとりひとりが選ぶこと。道はここにしかないように思います。

2009年11月号

# ザメンホフの答え
## ─ 戦争責任と民族 ─

### タニ ヒロユキ

　戦争責任と民族に対するザメンホフの考え方について，フランスの Valo[1]が1952年に *Sennaciulo*[2]に書いた「ザメンホフの答え」[3]という文章がある。"Vortoj de Valo"[4]という冊子に収録されたその文章を私が読んだのは10年以上前だが，強く印象に残り，ザメンホフはやはりすごいと感じた。ここでは，その一部を引用する。

　1951年11月の *Esperanto-Post* [5]誌に，ベゾルト博士[6]の署名で，次のような文が掲載された。

　「ポーランドのザメンホフ家の人たちのたどった運命についての問い合わせに対し，1951年10月にワルシャワから，『アダム・ザメンホフ博士，リディア・ザメンホフ，ソフィア・ザメンホフ[7]は，戦時中にトレブリンカ収容所[8]のガス室で殺害された』という返答がありました。私たちドイツ人として，なんと恐ろしく恥ずべき知らせでしょうか……」

　恐ろしく恥ずべき？　確かにそうだ……　だが，ベゾルト博士は何を言っているのか。そこにははっきりと「私たちドイツ人として」と述べられているではないか。ということは，ドイツ人であるというだけの理由で，大量の殺害と戦時中にドイツの収容所

---

① Rajmundo Laval（1900-1996）の筆名。

② SATの機関誌。

③ "La respondo de Zamenhof"（*Sennaciulo*, 1952-05）

④ "Vortoj de Valo"（SAT-Broŝurservo, 1995）

⑤ Gernama E-Asocioの機関誌（1948-73）

⑥ D-ro Besold（不詳）

⑦ この3人は，ザメンホフの息子と娘。

⑧ ポーランドのユダヤ人絶滅を目的とした強制収容所。

で起こったあらゆるおぞましい犯罪について，ベゾルト博士は責任を感じるというのか。それに同意して，私たちはドイツ人全員の罪を問うべきなのか……　このことは，私たち現代人すべての前に立ちはだかる重大な問題である……　だが，ザメンホフならこの問題にどう答えるだろうか。

　このあと Valo は，ザメンホフの演説を引用する。

　「ビャウィストクその他の都市における残忍な虐殺の罪の責任は誰にあるのか。それはロシア民族にあるのではありません。なぜなら，ロシア民族自体がかつて残忍で血に飢えた民族であったことなどないからです……　罪の責任は，狡猾で卑劣な手段と広汎に吹聴されたデマと中傷によって，民族と民族との間に意図的に恐ろしい憎しみを作り出した一群のけがらわしい罪人にあるのです」①

　そして，Valo は，「ザメンホフは，何よりもまず自分の不幸な子どもたちに死をもたらした強制収容所のおぞましい出来事のために，ドイツ民族の罪というものを問うことはしないだろうと確信できる。私たちのとるべき姿勢も，まさに同じである。私たちはベゾルト博士に言いたい。あなたたちドイツのエスペランチストを，私たちはドイツの共犯者だとは思わない」と答える。

　私がこの文章に興味をもち，ザメンホフはすごいと思ったのは，次のようなことがあったからだ。

　いまも本屋にいくと，戦争責任をタイトルにした本がかなりある。その中に，吉本隆明②や加藤周一③など戦中世代によって書かれた戦後世代の戦争責任について述べたものがある。しかし私は，どう考えても，戦後世代には戦争責任がないと思った。自分が生まれる前のことに責任は取れない。戦後世代も戦後の繁栄を享受しているから，その分責任があるというが，同じように繁栄を享受した在日外国人にも責任があるのか。結局は，日本人であるということだけで責任があるということではないか。子の加害責任を保護者である親が負うのならわかるが，親の加害責任を，当時

---

① 第2回 UK の大会演説から。

② よしもと・たかゆき（1924-2012）：思想家

③ かとう・しゅういち（1919-2008）：文芸評論家

ザメンホフを考える

生まれてもいなかった子が負うのは，親が偉かったら子も偉いというのと同じ，前近代的な思考ではないか。そもそも朝青龍①に元寇の責任があるか。ベッカム②に阿片戦争で清朝を滅亡に導いた責任があるか。だが，いまのアメリカ人にはイラク荒廃の責任として，ブッシュ③を選んだ責任はあるだろう。とすると，どこかで線を引くしかない。それなら，生まれる前後で線を引くしかないのではないか。

　そのようなことを，かつて箕面市の忠魂碑違憲訴訟を支援する会④の集会で発言したら，戦中世代の人に，だから最近の者は困る，というようなことを言われた。それから数年して「ザメンホフの答え」を読んだ。ザメンホフは私と同じ考えだと思った。でも，私でさえ早すぎたかもしれないと感じる考え方なのだから，ザメンホフの時代にはほとんど理解されなかっただろう。

　誤解されがちだが，私は，戦後世代には何の責任もないとはいわない。生まれた後の現在に対する責任はある。戦争責任を取らない政府なら，その政府を容認している責任はある。戦争責任の問題に無知であるなら，無知であることに対する責任もある。しかし，自分の生まれる前の家族や民族や国家の行為の責任は取れないし，取ってはいけないと思う。「日本人だから」というだけで，老若男女を問わず民族全体に全体責任があるという考え方は，「一億総ざんげ」に通じ，個々人の責任の度合いの違いをあいまいにしてしまう。責任の度合いは個人それぞれ異なるはずだ。戦前に生まれていた人と生まれていない人ではもちろん，生まれていても選挙権のあった男性と，選挙権のなかった女性や子どもとで，責任が同じはずがない。

　戦争加害者である民族全体に加害責任があり，戦争被害者である民族全体に被害者の権利があるとするのは，基本的な意識のレ

---

① モンゴル出身の元大相撲横綱。
② イギリスの元サッカー選手。
③ 2003年イラク攻撃を命じた当時のアメリカ大統領。
④ 大阪府箕面市の忠魂碑（戦死者の天皇に対する忠義を称えた碑）の移設における市当局の行為を憲法の政教分離原則に違反するとした住民訴訟（地裁で勝訴したが，上級審で敗訴）。

ベルのナショナリズムである。日本人がノーベル賞を取れば日本人全体が偉い，というのと同レベルの素朴ナショナリズムである。自分が戦争被害を受けたわけでもない戦後世代の中国人の若者が，戦争加害を与えたわけでもない戦後世代の日本人の若者に対し戦争責任を追及するような状況は，あまりに陳腐ではないか。そのようなナショナリズム（民族単位の思考）自体が戦争原因のひとつなのだから。

　しかし，中国や韓国のエスペランチストにむかって，民族全体に責任があるのではないから，私たちに責任はない，とは言い難い。言い難いと感じる私は，民族にこだわっている。それがいけないんだと気付かせてくれるのがザメンホフである。ザメンホフは，それほどに民族の枠組みを否定して，私たちの中にロシア人とドイツ人でなく，日本人と中国人でもなく，人間と人間を見ることを訴えた。ザメンホフの演説を読んで感動するのは簡単だが，「人間と人間」を人ごとでなく自分のことに当てはめて考えるのは難しい。だが，自己変革がなければ，ザメンホフに学ぶ意味がない。

　先日，某国のミサイル実験に関連して，外国人排斥を訴え，外国人参政権に反対するデモがあった。中国新疆（しんきょう）からは，ウイグル族と漢族の対立をあおる言説が聞こえてくる。「狡猾で卑劣な手段と広汎に吹聴されたデマと中傷によって，民族と民族との間に意図的に恐ろしい憎しみを作り出」そうとする者たちは，今もそこら中にいる。

　Zamenhofismo と Esperantismo は別だから，エスペランチストだからといってザメンホフの内在思想を継承する義務はない。ブローニュ宣言によれば，エスペラントを学び使うだけで完璧なエスペランチストである。しかし，私たちはみな道義上はザメンホフの弟子なのだから，ときには Nia Majstro ザメンホフ先生の心にも共感したい。

# ＜第３部　ザメンホフを読む＞

1988年3月号

## Esenco kaj estonteco de la ideo de lingvo internacia[①]
### 理論的確信と情熱

#### 藤巻謙一

　1900年，エスペラント発表後13年に書かれたこの論考[②] は，88年後の今日も，まだその意義をうしなっていない。

　国際語は必要か。可能か。導入されるとしたら，それはどんな言葉か。こういう問題を筋道だって考えることで，私たちは，国際語として最もふさわしく合理的な言葉が，エスペラントか，あるいはそれを少し変形したものにつきることを確信することができる。人間が十分理性的なものであり，戦争によって自滅することがないなら，エスペラントが多くの人びとの日常の道具になる日が必ずくるだろう。

　科学技術は，近い将来に機械による翻訳や通訳を実現するかもしれない。しかし，人間が自分の口で話し，耳で聞き，目で読む必要性をうしなわない限り，人間の技術としての国際語の必要性がなくなることはあるまい。

　エスペラント自体の不完全な点を指摘する声がある。民族語が変遷するように，国際語にも完成という状態はありえない。新しい語彙も必要に応じてふえる。これがヨーロッパの諸言語からとられるか，従来からある単語の合成語として作られるかは，エスペラントの今後の発展の方向にかかっている。なるほど，エスペラントはヨーロッパに起源をもつものである。そしてその文法構

---

① "Esenco kaj estonteco de la ideo de lingvo internacia" (新版：JELK, 2014) 日本語訳「国際語思想の本質と将来」並載。
② 初出は"Fundamenta Krestomatio" (Hachette, 1903)。OVによると1900年執筆。しかし，PVZを編纂した伊東幹治は，1898年に執筆されたと推理 ("tamen la afero progresas", p.64)。

造と語彙は日本語と異なった点が多いかもしれない。しかし私たちの実用によって改善を加える余地を十分残している。

アジア・アフリカでの発展がエスペラントを真の国際語とするという意見を，私たちはしばしば目にする。この地域に住む人びとに実用されることによって，エスペラントがますます豊かになるという意味でも，これは正しいと思う。エスペラント運動の将来は，アジアに住む私たちの肩にかかっているといえる。私たちが日本語に創意を生かす可能性は少ない。エスペラントは私たちがこれから築きあげることのできる言葉であるという意味でも，むしろあらゆる他の言葉よりも柔軟で創造的である。

エスペラントには文化的な背景がないという意見がある。だが，文化とはなんだろうか。そびえ立つ城郭や寺院を文化と呼ぶ風潮が強い。時の権力者の遺跡や風習を文化と混同することが多い。しかし，これらはむしろ野蛮と搾取の象徴であることを知るべきだ。文化はむしろ形のない可能性であり，各民族のめずらしい生活様式にあるのではなく，より広く多くの人びとの生活を豊かにする知識や技術にあると私は思う。その言葉で書かれた作品自体よりも，その言葉と，その作品を可能にした背景こそが文化の名にふさわしいものである。

こういった意味で，エスペラントこそ世界文化の萌芽であるといえないだろうか。この言葉で書かれた文献は，英語などのような大きな民族語にくらべて少ない。すぐ役にたつ実益だけを求めるならば，この言葉を身につける意義はまだ小さいかもしれない。しかし，人間はこの言葉で，初めて世界的な規模での文化の可能性を手にしたといえる。この可能性という点では，エスペラントは他のどんな言語にもまさっている。

エスペラントの，この百年間の発展は十分誇りうるものと思う。短い物差しで計ればかたつむりの歩みのようにみえる運動も，二度にわたる世界戦争にもかかわらず確実に進歩している。目先の利益にふりまわされることなく，この言葉の普及に携わる多くの人びとがいる。自ら墓穴を掘りつつあるように見える人類にも，まだ希望があるのではなかろうか。

エスペラントを学ぶこと自体，私たちの世界観の形成に重要な影響を持っていると思う。だからエスペラントの普及自身にも，

大きな社会的意義があるにちがいない。しかし，国際語が解決する問題は人類の抱える問題の一部にすぎない。世界的な規模での経済的不平等・戦争・科学技術の粋を集めた大量殺人道具の開発，そしてこういったものを支える国家という枠組みが地上からなくなるときまで，エスペラントが広く世界中の人びとをつなぐ言葉になることはないのではなかろうか。

　エスペラント運動をさらに前進させ国際語を実現するためには，私達自身のこの言葉を磨き広める努力だけでなく，この不平等と戦争が世界から姿を消すことが，どうしても必要な前提である。私たちは，この前提を整えるためにも発言を強めなければならない。できれば，この前提を確立するためにこそエスペラントを役立てたいものだ。

　この論考を読むたびに，私は論理的に根拠のある確信と情熱的な理想主義にうたれる。エスペラントの実用性は1900年当時にくらべて飛躍的に高まっている。しかし私は，運動をさらに発展させる原動力はこの理想主義にあると信じている。

1989年3月号

# Paroladoj de D-ro L. L. Zamenhof[1]
## つねにエスペラント主義の精神的側面を語っている

### 相原美紗子

　この本は，ひとむかし，否，ふたむかし前には，学生や若いエスペランティストの愛読書とはいわずとも，かなり親しまれた本である。学生の合宿では，よくテキストに選ばれていて，その縁でこの本に特別の感慨をもつ人もいるのではないだろうか。しかし，最近この本を合宿や学習の教材にみかけることは皆無にちかい。このつつましやかな小冊子の存在を知らない人も多くなったのではないだろうか。ひところほど，エスペランティストはザメンホフについて，12月のザメンホフ祭は別として，語ることがなくなったようである。このことは，ザメンホフ自身が当初から望んでいたように，エスペラントがその創始者から離れてひとり歩きはじめていることのあかしなのだろう。いまエスペラント主義に必要なのは，エスペラントを使い，話すことなのである。この一見なんでもないことが定着してきたのは第1回世界エスペラント大会のブローニュ宣言が役割を果たしてきたからであろう。
　いま，こういうかたちでエスペラント第二世紀を迎えて，この本はどのように読みつがれていくのであろうか。あらためてこの本の第1ページを開き，読んでみる。ブローニュ・シュル・メールでの第1回大会 ― "Sankta estas por ni hodiaŭa tago" 以下のくだりは，そらんじているひともいるかもしれない。エスペラントの，あるとするならば，ふるさとにかえったようなやすらぎをおぼえる部分である。いつ帰り着いても新鮮で暖かい。しかし正直いって「なんと素朴な」とも思う。だが83年も前，ときあ

---

[1] "Paroladoj de D-ro L. L. Zamenhof" (JELK, 1997年新版)。ザメンホフの演説は，OVやPVZなど多くのものにも収録されている。日本語の新訳は，水野義明編訳『国際共通語の思想－エスペラントの創始者ザメンホフ論説集』（新泉社，1997）で読むことができる。

たかも日本国が日露戦争を戦っていた昔なのである。

　この本を再読するにあたって，私は，ボウルトンのザメンホフ伝①も並行して読むことにした。この演説集には当然のことながら（？）なんの説明もなくザメンホフの言葉が並んでいる。ザメンホフやエスペラントの歴史に通じている人なら，ひとつひとつ意味をもってひびいてくるが，そうでないひとには，ひとつの演説とそのつぎの演説の間に何が起こったのかわからず，興味をもつと同時に困惑を感じてしまう。ボウルトンのザメンホフ伝には，各大会の演説のさわりが折りこまれているのでそれでもかなり味わえるが，ザメンホフ伝を左で読み，当の演説を右で完全な形で読むと，その大会で演説するザメンホフの姿がほうふつとするのである。この取り合わせは，おすすめできるとおもう。それに，演説集を読めるほどのひとならば，ザメンホフ伝は読みこなすであろうし，ザメンホフ伝を読むなら演説も読めるからである。残念なのは，初級者はかなり頑張ってもらわないと歯がたたないことである。

　いま，この演説集を読むと，国際語の思想の体現化であるエスペラントが，いかに人間社会とわたりあってきたかが浮きぼりになってみえる。エスペラントの土壌は，私たちが生きている社会そのものであり，その社会は時代とともに変わり，時代が遠のけば遠のくほど，古き日の姿が見えてくるということだろう。

　第1回の大会，またその後の大会でも，ザメンホフはボラピュックの創始者シュライヤーを，人工語による国際語の可能性を証明した人として讃えている。歴史の早い時期にこの認識をもってエスペラントの行く末を考えたザメンホフは，すごいとよりいいようがない。ブローニュ宣言も，第八回クラコフ大会で Majstro de Esperanto の立場を退いたことも，すべて彼自身のプランにあったのであろう。一時代を彩る思想は数多く生まれているが，世紀を生きぬく思想は多くない。まして古代からえんえんと続いた思想を現実化するというこの思想は，空前絶後といっていいの

_____

① M.Boulton "Zamenhof, aŭtoro de Esperanto" (Stafeto, 1962) 同じ著者による英語版 "Zamenhof, Creator of Esperanto" の日本語訳：水野義明訳『エスペラントの創始者ザメンホフ』(新泉社，1993)

ではないだろうか。もちろんこの仕事は、ザメンホフの力だけによるものではなく、過去・現在・未来のすべてのエスペランティストがかかわる仕事であるが。

　ザメンホフが心を傾けたホマラニスモ宣言が大会で日の目をみることはなかったが、ザメンホフは演説で、つねにエスペラント主義の精神的側面を語っている。彼はそれを Interna ideo とよぶ。私ははじめに、いまのエスペラント主義はエスペラントを使い、話すことであるといった。しかしこういういまでも、エスペラント主義から Interna ideo を抜き取ってしまったら、エスペラントは崩壊してしまうと、私は納得している者である。

　エスペラント第二世紀を迎えた今、このザメンホフの演説のかずかずは、私たちエスペランティストがしようとしていることは何か、エスペラントがエスペラントであるための原則とは何かを示してくれるものである。

ザメンホフを読む

1990年2月号

## Post la Granda Milito
### － Alvoko al la Diplomatoj －[1]
### 現在もその有効性を失っていない

高杉一郎

　私がエスペラントの独習をはじめたのは，1929年の夏も終わりのころだった。28年の4月には東大の新人会[2]をはじめ，すべての大学や高等学校の社会科学研究会が解散を命ぜられたし，6月には張作霖[3]の爆死事件があり，治安維持法に死刑と無期刑を追加する改正もおこなわれた。時局は，はげしく動きはじめていたのである。

　佐々木孝丸[4]さんからすすめられた私は，すぐに東京堂へ行って（当時は，そこに Esperanta Fako というのがあった），秋田雨雀[5]・小坂狷二[6]共著の『模範エスペラント独習』とエドモン・プリヴァの『愛の人ザメンホフ』[7]という本を買ってきた。そして，小坂さんが担当している「第1部・文法篇」だけを何回かくりかえして読んだ。私のエスペラント学習はあとにも先にもそれがすべてであるから，今でもろくにエスペラントを話すことができない。そのあと，字引をひきひき，思想としてのエスペラントの意味をもとめて，つぎつぎにパンフレットを読みあさった。

　プリヴァの本も（「愛の人」という形容句は訳者がつけ加えた

---

① 初出"Esperanto"誌（1915-07）。その発表100年を回顧したU.Linsの論考：'Ĉiu lando apartenu al ĉiuj siaj gefiloj － Cent jarojn post la letero de Zamenhof al diplomato' (*Esperanto*, 2015-04)

② 東大を中心とした学生運動の組織（1918-1928）

③ Zhang Zuolin（1875-1928）：中国の軍閥政治家。日本軍が爆殺。

④ ささき・たかまる（1898-1986）：俳優。事典

⑤ あきた・うじゃく（1883-1962）：劇作家。事典

⑥ おさか・けんじ（1888-1969）：事典

⑦ E.Privat"Vivo de Zamenhof"の日本語訳（松崎克己訳：叢文閣，1923）

ものだということはわかったが），ザメンホフの Homaranismo
も私にはなんとなくユートピア的で感傷的なものに思われた。そ
のころ，すでにマルクス主義文献をかなり読んでいたせいであっ
たかもしれない。

　その年，ドレーゼン[1]の "Zamenhof"[2] が出版された。そのパ
ンフレットの後半でエスペラントの言語構造には絶賛を惜しま
ないドレーゼンが，前半ではザメンホフの世界観と人生観は中途
半端だと批判していた。レフ・トルストイと較べても，彼は論理
のゆきつく結果をとことんまで追求するだけの精神的な勇気に
欠けているというのだ。（私は，いま住居を改造するために，古
い本をすべて信州の山小屋へ送ってしまったので，いまはおぼろ
げな記憶だけで書いていることをことわっておく）。

　その後，私はいろいろの体験をした。シベリアの抑留生活まる
４年のあいだにひとりの esperantisto にも会うことができずに
帰国し，翌年読んだスターリンの言語論文[3]。ドレーゼンをはじ
めとするソ連の多くの esperantisto がスターリンによって肉体
的に亡ぼされたというその後の情報。ドレーゼンを批判している
ランティの文章。SEU[4]の組織者としてドレーゼンのやり方がス
ターリンそっくりで，ruĝa-verda caro とまで言われていた事実。

　そして，スターリンとルーズベルトとチャーチルがヤルタの宮
殿に集まってつくりあげた体制[5]が大きな音をたてて崩壊してい
る現在の状況のなかで，ザメンホフが国際政治家たちに呼びかけ
た "Originala Verkaro" の中のこの論文を読むと，彼が決して
雲の上を歩いている utopiano ではなかったことがわかる。

　ザメンホフの呼びかけは現実的であったし，具体的でもあった。

---

[1] Ernest Drezen（1982-1937）：ソ連のエスペラント運動指導者。ス
　　ターリンによって粛清された。
[2] "Zamenhof – bioideografia studo"（SAT, 1929）
[3] 「マルクス主義と言語学の諸問題」（1951）。日本語訳は田中克彦著
　　『「スターリン言語学」精読』（岩波書店，2000）。
[4] Sovetrespublikara Esperantista Unio
[5] ヤルタ体制：1945年2月，クリミア半島ヤルタでの米英とソ連の首脳
　　会談において規定された大戦後の国際秩序。

ザメンホフを読む

呼びかけの最後のところで，彼はくりかえし声を限りに叫んでいる。

"Sinjoroj diplomatoj! Post la terura eksterma milito, kiu starigis la homaron pli malalten ol la plej sovaĝaj bestoj, Eŭropo atendas de vi pacon. Ĝi atendas ne kelktempan interpaciĝon, sed pacon konstantan, kiu sola konvenas al civilizita homa raso. Sed memoru, memoru, memoru, ke la sola rimedo por atingi tian pacon, estas: forigi unu fojon por ĉiam la ĉefan kaŭzon de la militoj, la barbaran restaĵon el la plej antikva antaŭcivlizacia tempo, **la regadon de unuj gentoj super aliaj gentoj.**"①

　しかし，この必死の呼びかけに応えた政治家は結局ひとりもなかった。呼びかけは，1918年に無視されただけでなく，1945年にも無視された。その結果，現在のヤルタ体制のドミノ現象のような崩壊が進行しているのである。

　バルト三国は自主独立をもとめているし，ウクライナ共和国はその民族語を公用語にせよともとめている。ニカラグアやパナマは，いまもなお大国の帝国主義に苦しめられている。このような状況は改められなければならないし，改められるであろうが，その場合これからの国際政治家たちはぜひザメンホフの必死な呼びかけに耳を傾けてほしい。この1915年の呼びかけは，74年後の現在もなお，その有効性を失っていないのだ。ただ，ある思想が歴史に働きかける力になりうるのは，広汎な民衆をつかんだ場合だけであることを私たちはこれまでの経験から思い知らされている。だから，わたしたちも，ザメンホフのあとについて，memoru, memoru, memoru! と声高く叫ぼうではないか。

---

① 日本語訳は，水野義明編訳『国際共通語の思想』（新泉社，1997）所載の「大戦のあとで － 外交官への訴え」。

75

1999年2月号

# わが『ハムレット』
## ザメンホフの問題

### 山口美智雄

　ザメンホフ訳の『ハムレット』[1]が，名訳かどうかを論ずる力は私にはない。だが，この翻訳作品は非常に私の興味をそそる。

　以前から私は，翻訳は訳者の原作理解の創造的な提示だ，と考えていた。特に文芸作品の訳はそういうものだ，といまも信じている。この理解は，原作の内容と表現に対する翻訳者の解釈である。そういう意味で私は，ザメンホフの『ハムレット』理解に興味を覚えている。しかも，シェイクスピアの原典を読む力もないのにザメンホフに共感する。

　語学面で言えば，英語を母語としているであろうニューウェル（L.N.M.Newell）の新訳[2]のほうが多分原作に忠実なのだろう。それでも，私はザメンホフ訳のほうが好きだ。なぜなら，そこには訳者の心がありありと表出されているからである。

　『ハムレット』には古来「名せりふ」と言われてきた語句がいくつかある。その最たるものは第3幕第1場でハムレットが言う例のせりふではないか。つまり"To be or not to be..."（あれか，これかの問題だ）という独白である。

　いま，手元の版で見ると，ザメンホフはこれを"Ĉu esti aŭ ne esti,...tiel staras/ Nun la demando　(...)"と訳してある。ニューウェル訳は"(...esti) : jen demando"で，三神勲訳（筑摩書房）だと「生きる，死ぬ，それが問題だ」となる。私はこのせりふの真意をザメンホフに教えられたと思った。

　この独白で，日本語訳の場合に常に問題になるのはその前半である。

---

[1] "Hamleto, reĝido de Danujo: Tragedio en kvin aktoj"（初版1894 ; 第9版UEA, 2006）

[2] "Hamleto, princo de Danujo"（Stafeto, 1964）

例えば『洛中書問』①という本での大山定一②と吉川幸次郎③の論争も，その部分の訳をどうするかという問題であった。つまり，父王の亡霊が語ったことは「本当か，そうでないか」とか，あだうちは「するべきか」とか，このままの状態で自分は「生き続けるか，死ぬか」というようなハムレットの意図を観客にさらけ出すことなしに巧みに日本語に訳すには，どうしたらいいのかであった。いずれにしても二つのエスペラント訳は，一語の動詞でさらりと処理している。

　それはとにかく，ここで重要なのは実はせりふの後半である。ザメンホフはその後半部で勝負した。彼は，ハムレットが「いま」直面しているのは絶対的な「二者択一」の問題だと考えたのだ。ハムレットは追い詰められている，いや，自身を追い詰めていると彼は解釈した。そうして，それをザメンホフは，動詞"staras"のうちに込めたのだというのが私の理解である。そうではないのか。仮にそうなら，ここでハムレットは見事にザメンホフになったのだ。

　ザメンホフ訳の『ハムレット』の発表は1894年だという。『第1書』の発行から7年後のことだ。私は彼がいつ「ハムレット」の翻訳に着手したのかを知らない。だが，この時期にエスペラントは，いわゆる「改造の危機」にさらされていた。そうして，この1894年にザメンホフは「改造案」④を世に問うている。彼は自分が直面する問題が，ハムレットの「あれか，これか」の問題と「同質」のものだと認識する。複数の解も中庸の答もない。まさに問題は，そのように彼の前に立ちはだかっていた。

　こういう文脈で，また第2幕第2場の，これも有名なせりふ"Vortojn, vortojn, vortojn"を読むと，私には「ことばの問題，改造案，改造案…」と読めてしまう。彼は，エスペラントに直接

---

① 翻訳のあり方についてをテーマにした往復書簡集（筑摩叢書）
② おおやま・ていいち（1904-74）：ドイツ文学の研究者。
③ よしかわ・こうじろう（1904-80）：中国文学の研究者。
④ ザメンホフは，強まる改造要求に応えて，集約した改造案を当時の *La Esperantisto*（1894-01-05）誌上で提示し，賛否の投票を呼びかけた。結果は反対多数で，改造問題に一応の決着がついた。

関わる問題のほかにも何やかやの未解決の課題を抱え込んでいたように私には思えてくる。それらは他人にはあからさまにできぬものであり，自分ひとりで立ち向かわねばならぬものであったのだと，私の勝手な想像が広がる。ザメンホフが，その時何に悩みながら『ハムレット』を訳していたかを想像すると，ひどくせつなくなる。ここではザメンホフはハムレットになり，悲しい道化を演じている。ザメンホフのこの訳は何かこういった背景を背負って，私の眼前にあるようだ。

　このように私は「読み解いた」のだが，こんな強引な読み方をする人はいないにちがいない。根拠のない雑感を臆面（おくめん）もなく発表しようとする私は，どう見ても悩めるハムレットではない。

1988年9月号

# ハイネの La rabeno de Baĥaraĥ
## ユダヤ人差別と迫害に対する告発への共感

伊藤俊彦

　ユダヤ人問題というのは，ザメンホフの思想や，ひろくいって
ヨーロッパ思想史を考える際に，どうしても避けて通れない問題
であることはいうまでもない。しかしそれはきわめてヨーロッパ
的な現象であるため，われわれにはついに理解できないのではな
いか。ユダヤ人問題に関する本を読むたび，いつもそういう感じ
におそわれる。

　もっとも文学作品の場合は，そこに描かれた具体的内容によっ
て，いくらかでもそれに実感的に接近する手がかりを与えてくれ
るようにも思われる。そのようなものとして，I.B. シンガー[1]や
アレイヘム[2]などの小説に私もいくらかなじんではきた。ハイネ
（1797-1856）の小説『バッヘラッハのラビ』もまた，そのよ
うな意味で興味深い作品である。そうして，ハイネの作品中「ユ
ダヤ色の最も濃厚な作品」とされる『ラビ』をエスペラント訳し
たザメンホフの内面もまた，われわれの関心を大いに刺激する。

　まず簡単に書誌的事項について触れておこう。ハイネがこの小
説の執筆に着手したのは1824年，未完のままに発表したのは
1840年のことである。他方，エスペラント訳は初め1914年に *La
Revuo* 誌に 5 回連載され，没後の1924年に，アレイヘムの『ギ
ムナジウム』とともに単行本として刊行された。1984年にその
復刻版[3]が出版され，さらに，その翌年にはハウペンタールによ

---

[1] アイザック・バシェヴィス・シンガー（1902-91）イディッシュ語作
　家。1978 年ノーベル文学賞。
[2] ショーレム・アレイヘム（1859-1916）ウクライナ出身のイディッシ
　ュ語作家。ザメンホフ訳"La Gimnazio"の原作者。
[3] "La rabeno de Baĥaraĥ" (Artur E. Iltis, 1984)

る新訳①が出ている。

　本書はいたるところにユダヤ教的表象がみちみちていて，簡単な要約を許さないが，あえてあらすじを紹介しておくと次のようである。

　ときは15世紀の終わりごろ，過越の祭②の夜，ラビ③がハガダー④を読んでいると見知らぬ2人の男が入って来る。ラビが気がつくと，テーブルの下に幼児の死体がある。彼らは実はキリスト教徒であって，ユダヤ人に「儀式殺人」の罪をかぶせ，虐殺して財産を略奪しようという魂胆だったのだ。ラビは妻とともにからくもその場を逃れ，小舟でフランクフルトへとたどり着き（第1章），そこのゲットーを訪れる。ゲットーの門の外側には反ユダヤ主義者ハンスがいて，グロテスクな歌をうたう。内側ではユダヤ人ナーゼンシュテルンが「俺はこわいんだ」と叫ぶ（第2章）。さらにラビ夫妻は改宗したユダヤ人に出会うが，彼はラビの旧友だった（第3章）。その後の物語の展開への予感をはらみながら，この小説は，3章で中断している。

　ハイネについての研究をのぞいてみると，この小説の1章と2，3章との間に15年間の断絶があること，その間にハイネのプロテスタンティズムへの改宗がなされていることが指摘されている（山下肇『近代ドイツ・ユダヤ精神史研究』，キルヒャー『ハイネとユダヤ主義』）。

　ところで，ザメンホフはどのような意図でこの小説を翻訳したのか。彼がそれをどこかで語っているのかどうか，私は寡聞にして知らない。しかし，何よりもまず，この作品におけるユダヤ人への差別，迫害に対する告発が，ユダヤ人たる彼の共感を呼んだのであろう。ポグロムは，そして反ユダヤ主義は，遠い中世のできごとなのではなく，まさにザメンホフの同時代のできごとなのであった。

---

① "Rabeno de Bacherach" (R.Haupenthal訳 : Heinrich-Heine-Gesell-schaft, 1985)
② ユダヤ教の祭。
③ ユダヤにおける宗教的指導者。
④ 過越の晩餐で読む祈祷文。

ちなみに，1819年には「ヘップヘップ」のポグロム①が，また1840年にはダマスクスで「儀式殺人」のユダヤ人迫害②が発生しており，これが『ラビ』発表の直接の契機となっている（山下前掲書）。ザメンホフの同時代にも，1906年にはロシアでポグロムが頻発している（そして，ザメンホフの死後には，周知のとおり「アウシュヴィッツ」の悲劇が起きた）。その意味で「反ユダヤ主義」は，まさに幾度となく繰り返される「反復のリアリティ」（山下前掲書）そのものだったのである。『ラビ』は，そうしたユダヤ人迫害のいわば「原型」を生々しく描き出しており，それがザメンホフにこの作品の翻訳を思い立たせたのであろう。

　ところで，この小説を訳しているのは，シオニズム運動に熱中していた頃の青年ザメンホフではなく，それから脱却し，経験も積み，人生の辛酸をもなめてきた，それなりにしたたかな晩年のザメンホフである。してみれば，これは全くの想像ではあるけれども，この小説でのハイネのユダヤ人に対するアイロニーに満ちた姿勢（例えば前出のナーゼンシュテルンの描き方のごとき）にも彼としては案外共感するところがあったのかもしれない。ハイネは，ザメンホフ同様，同化ユダヤ人の子として生まれ，啓蒙的雰囲気のなかで育ち，長じてはじめてユダヤ人たることに目覚め，キリスト教に改宗したものの，ユーデントゥム③との対決は彼にとって一生の課題となった。前述のように長い中断を間にはさむ『ラビ』にはそうした思想的変化が反映されており，それがこの小説を複雑，重層的なものにしている。ザメンホフはもちろんこの小説の成立史は知るよしもなかったであろう。それでも，『ラビ』を読めばハイネのアイロニカルな側面は見てとれるのであり，それを彼はどう考えていたのか，気になるところである。

---

① 1819年ドイツのバイエルンを中心に起こったユダヤ人排斥暴動。暴徒が"Hep Hep"と叫びながらユダヤ人の商店を略奪した。
② 1840年，オスマン帝国の支配下にあったシリアのダマスクスにおいて発生したユダヤ人による儀式殺人に対する冤罪事件。
③ Judentum（ドイツ語）：ユダヤ教。

1989年12月号

## Pri jida gramatiko kaj reformo en la jida lingvo
### イディッシュからエスペラントへ

タニ ヒロユキ

　「イディッシュ語[1]文法とイディッシュ語における改良について」と題するこの論文をザメンホフが書いたのは，1879年から1881年にかけて彼がモスクワ大学医学部に在学中のときであり，エスペラントの発表より7年ほど前である。当然，まだ誕生しないエスペラントで書いたものではなく，ザメンホフはこれをロシア語で書いた。原稿はそのまま発表されずにザメンホフのもとにあったが，それから30年ほどして，原稿の一部がイディッシュ語に翻訳されて，"Lebnun Visnŝaft"（生活と科学）というイディッシュ語の雑誌の1909年の第1号，第7号，第9号に分けて d-ro X の名で掲載された。それからさらに30年ばかり経過した1937年，S. Guterman によってイディッシュ語からエスペラントに訳されて "Lingvo Libro"[2] の1937年第1号と第2号に掲載された。私たちが今読むことができる PVZ (pvz5 "hebreo el la geto"，pp.36-51；新編集の "unua etapo de esperanto" にも収録）のものはこの "Lingvo Libro" のものに N.Z. Maimon[3] が手を加えたものである。

　現在私たちがこの論文の一部しか読むことができないのは，"Lebnun Visnŝaft" にこれが連載されたとき，反響の大きさに驚いたザメンホフが，1909年当時の自分の意見と誤解されることを恐れて，"Lebnun Visnŝaft" の編集部に掲載の中止を申し入れたからである。編集部宛のザメンホフのその手紙も "Lebnun

---

① 「イディッシュ」は「ユダヤ人の言語」（PIV参照）という意味で「語」は不要であるが，慣用的にイディッシュ「語」が使われている。
② 文芸誌 *Literatura Mondo* の付録。
③ マイモン：著書 "La kaŝita vivo de Zamenhof"（JEI，1978）においてユダヤ人としてのザメンホフを論考。

Visnŝaft"に掲載され，同様の経過をへて，論文と一体のものとしてPVZに収録されている。

この論文は，PVZ収録のザメンホフの著作の中でも，彼がギムナジウムの最終学年在学中の1878年に考案したLingwe Universala に次いで年代が古いものである。1879年にモスクワ大学に入学したザメンホフは，父に国際語のことをいさめられたこともあり，この年にシュライアーによって発表されたボラピュクの存在を知ったこともあって，この後しばらく国際語のことから遠ざかる。その間に書かれたのがこの論文である。経済的理由や体制の反動化と学生運動の弾圧に耐えかねたザメンホフは，中途で地元のワルシャワ大学に移る。学生時代のザメンホフがシオニズム運動に傾斜していたことはよく知られている。この論文が書かれたときは，彼がユダヤ人としての民族意識を自覚し，民族主義的熱情が彼をシオニズム運動へ向かわせつつあったときだった。1885年に大学を卒業したザメンホフは，すでにエスペラントの原形を完成させ，これと並行してしだいにシオニズムから離れ，彼の民族主義はやがてhilelismoをへてhomaranismoに止揚し，ランティがのちにla unua *nekonscia sennaciisto* と呼ぶ[1]までに至る。

いま私たちが，この論文を再読するとき，イディッシュ語を知らない私たちの大多数は，ザメンホフがイディッシュ語の文法規則をどう記述しているかというような「言語学的」な面には関心がない。そして，もしこの論文に対しそんな見方しかしないなら，それは，言語が常に社会的存在であり，ザメンホフはそのことを最も強く意識していた人だということを忘れている，といわなければならない。ザメンホフにとって，言語はつねに思想と不可分の存在だった。この論文は，これが書かれた当時のザメンホフの言語思想と世界観を反映し，エスペラントに通じる普遍的なものと民族主義的なものとが入りまじっていて，興味深い。

イディッシュ語は形態的にはドイツ語の一下位方言で，19世紀的言語観では，ユダヤ人が使う「くずれた」ドイツ語だとされていた。ザメンホフはこれを当時の一般的な言い方を用いて「文

---

[1] "Leteroj de Lanti" (SAT, 1940) p.259

法をもたないジャルゴン (jargono sen gramatiko)」と呼んでいる。「ジャルゴン」というのは，特定の共同体が用いる言語をさげすんで呼ぶコトバで，その言語そのものの構造とは関係がない。ユダヤ人が用いたから「ジャルゴン」なので，それに文法があるかないかは本来関係ない。しかし19世紀的言語観に立つザメンホフは，これに立派な文法規範をもたせ，近代的言語として一人前にしようとした。

　ザメンホフは，「不便なヘブライ文字を多くの文化的言語が用いているラテン文字にかえる」ことをくりかえし主張し，ヘブライ文字の不便さと学習の難しさを力説する。そのためには，ドイツ語でないイディッシュ語の自立を主張しているにもかかわらず，イディッシュ語がドイツ語でアーリア語に属するならラテン語文字こそ自然だ，と詭弁のような論法まで展開する。ヘブライ文字こそがイディッシュ語をドイツ語から区別してイディッシュ語（つまりジャルゴン）たらしめているのだと気付いていたのである。しかしラテン文字化されたイディッシュ語はドイツ語からの独自性をほとんど失いかねない。そこでザメンホフは，ドイツ語的綴りを廃し，表記を極端に発音に近くすることを主張する。またラテン文字のいくつかの子音字の上に記号を付けて発音と文字の対応を一対一にし，ほとんどエスペラントの文字と同じものを提案する。また語彙に関しても，ドイツ語にもヘブライ語にも似ない純粋にイディッシュ語的な形を導入することを主張する。

　実は，ヘブライ文字はイディッシュ語にとって最も本質的な部分であり，だからこそ今日でもイディッシュ語は依然としてヘブライ文字を用いている[1]のである。ザメンホフは，イディッシュ語から最もイディッシュ語的な部分を取り去ることによって，近代的文化言語としてそれを自立させようとした。自己の民族の独自性の強烈な主張ではなく，独自性を保ちつつ他との調和を求めたルドビーコ青年は，やがてシオニズムとたもとを分かち，民族を越えた普遍性を目指して，エスペラントと la unua nekonscia sennaciisto へと向かう。

---

[1] 現在ではラテン文字での表記も行われている。

＜第4部　平和を考える＞

1970年2月号

## エスペラントは平和のコトバか？

宮本正男

　エスペラントとはなにか？　もう一度あらためて考えてみる必要がありそうだ。

　エスペラントは民族語ではない，それは，国際語，または国際補助語である。あるいは，現実にそうでありたい，とねがっているコトバである。ここまではだれにも異存がない。異存のあるのはこれから先である。エスペラントは平和のコトバである，という一部に根強く巣くっている思想がある。

　エスペラントがはたして平和のコトバかどうかを考える前に，コトバとは何か，ということを，まず考えてみる必要がある，コトバとは，思想・意志その他を伝達する手段であって，それ以上でも以下でもない。それは使いようによって，戦争のためにも，平和のためにも使われるし，使うことができる。戦争のためのコトバだとか，平和のためのコトバだとか，コトバ自身にそんな使命があるはずはない。「言語道断のいたり」とコトバ自身がまずそうした規定を拒否するであろう。

　エスペラントは，疑いもなく平和を希求するザメンホフによって作られた。しかし，このことはエスペラント＝平和と短絡できる性質のものではない。あらゆる発明物は，発明された瞬間から，製作者の意図をはなれて，ひとり歩きをはじめるものである。妥当なたとえではないかも知れぬがたとえば火薬がそうである。それは開発その他の平和的目的のために使われるが，同時に戦争のおそるべき手段にもなった。製作されたコトバもまた同じ道を歩む。

　少しでも歴史を研究したものならば，ただちにわかることだが，エスペラントもまた，ザメンホフの意図をはなれて，第一次・第二次の世界大戦には，「戦争のためのコトバ」として使われた。

同時にまた「平和のためのコトバ」として，その反対側で使われたのであった。つい数年前には，アメリカの演習用語として，侵略軍の仮定国語として使われていた。今度の大戦中に，エスペラント報国同盟①が出現したことも，少しでも歴史を研究したものにとっては，よく知られている事実である。コトバに一定の目的を背負わせようとするのは，単なる観念論にすぎない。エスペラントと民族語の差は，国際性というそれ自体に含まれるものを除いては，なにひとつとしてない。

エスペラントを平和のコトバとして規定することは，ふたつの危険を運動にもたらす。

そのひとつは，エスペラント運動に参加，つまり平和運動に参加しているのだから，平和のためには，これ以外のことをやる必要がない，という主として老人層に見られる現象である。ここではエスペランチスト＝平和の戦士という，それ自身，ナンセンス以外の何物でもない，「安心立命」がある。

もうひとつは，エスペラント団体＝平和団体という規定である。ここでは，あらゆるエスペラント団体に，条件を無視して，平和運動をおしつけようとする傾向が，当然のこととして生まれる。そして，その平和運動——多くの場合，それは主張者の主観によるセクト路線——を会員におしつけようとする，そして結果は，ナニナニ行事に参加する緑星旗をもった数人の群ということになり，会そのものは崩壊していく。

エスペラントとは，単に国際語である。この国際語を生かして使うのが，それぞれの腕前である。現在多くのエスペラント団体が，Per Esperanto por Mondpaco というスローガンをかかげているのは，こうした意味においてである。

エスペラント＝平和のコトバ，という規定は，社会学的にも，言語学的にも，なんら立証できない観念論にすぎない。エスペラントの本質をはっきりとらえて，その上に立って運動を展開することが，何よりも必要である。これがザメンホフの平和愛好精神を生かす道である。

---

① 1937年，一部のエスペランチストが結成。外務省の補助金により中国大陸への侵略を正当化するグラビア冊子を制作し海外へ配布した。

平和を考える

1995年3月号

## 「平和のコトバ」— 何がいけないのか①

### サカモト ショージ

　宮本正男さんは，「エスペラントは平和のコトバではない」と繰り返し言っています。この論旨は，言語に平和の言葉や戦争の言葉などはありようがなく，あらゆることを表現できなければならない。「平和のコトバ」というスローガンにより，エスペラントさえやったら平和に貢献しているのだから改めて平和活動をする必要がないという錯覚に陥りがちである。あるいは逆にエスペラント運動の中に平和運動，多くは党派的なそれを持ち込むことにより，エスペラント会は崩壊する，というものです。

　言葉に「平和のコトバ」などはない — まったくその通りで，「余の辞書に《戦争》という単語はない」のなら，それは欠陥辞書です。言語はあらゆることを表現できなくてはなりません。だからといって「平和のコトバ」と言ってはいけないのかは，また別の話です。

　無意識に，いやおうなしに使うようになる母語としての民族語と違って，エスペラントはひとりの人が作り，それを受け入れ育てる人がいました。Denaska 以外は皆何らかの意図をもって学習するほかはない言葉です。ザメンホフに国際語を作らせた動機は，後に interna ideo として明らかにされる，国際的な frateco kaj justeco です。エスペラントをやっても何の利益もない初期のころにエスペラントを始めた人は，まさにこれを敏感に感じ取ったに違いありません。独裁者たちが危険な言語として弾圧したのも，これをかぎ取ったからでしょう。しかも，その中で命懸けでエスペラントを捨てない人もいました。これを「平和のコトバ」と称して何がいけないのですか。

　「平和のコトバ」というスローガンを掲げたらほかの平和運動から免責されると信じるひとが本当にいるのでしょうか。もしい

---

① 「宮本正男のシッポ」の一部。

たら，それはもともと平和運動などする気のないひとがその口実として使っただけのことで，平和のために何かしようと思っていたひとが，おやエスペラントだけで十分なのか，ほかのことをする必要はないんだ，と堕落する訳ではないでしょう。逆に「平和のコトバ」というスローガンとその背景を聞かされたら，それじゃこのコトバを使って平和のために何かしないといけないな，という気になると思う方が自然ではありませんか。

　エスペラントをただの言葉と強調することによって，これを社会的・思想的なものに結び付けるのはダサい，エスペラントは楽しみ，自分の好みに合うよう利用すればよい，という風潮に手を貸すことになるのではないでしょうか。第2の点，エスペランチストに党派的平和運動を押し付ける恐れ，というのは宮本さんの，例の心配し過ぎ，思い過ごしに過ぎません。

　私の意見は「平和のコトバ」という言い方を避ける必要はない，おおいに使うべし，です。じつは宮本さんの書いたものの中にも，長谷川テル[1]や由比忠之進[2]の精神を忘れると「エスペラントはただの言葉になりはてて…」という文章があります。

---

[1] 本書p.14参照。
[2] 由比忠之進（ゆい・ちゅうのしん：1894-1967）：1967年11月11日首相官邸前で焼身抗議したエスペランチスト。 事典 詳細は，比嘉康文著『我が身は炎となりて ― 佐藤首相に焼身抗議した由比忠之進とその時代』（新星出版，2011）。

2010年3月号

# 平和学からみたザメンホフ[1]

### 寺島俊穂

　今日は，平和学の認識とザメンホフの平和思想をどのように接合できるかという観点からお話しします。エスペラントは「平和の言語」と言われることもありますが，その創始者ザメンホフは言語や宗教の違いに由来する不和・迫害・差別・殺戮に苦しみ，エスペラントをつくっただけでなく，初期のエスペラント運動は平和運動との強い結びつきがありました。

　もっとも，言語の違いによって戦争が起こるというような単純なことではないでしょうが，一方で，社会言語学の発展によって言語は権力現象として認識されるようになってきましたし，平和学の発展によって平和の概念は広がり，平和は「暴力の克服」として動態的に理解されるようになりました。平和文化の創造が戦争や武力紛争の防止につながるという認識も生まれてきました。その双方において，エスペラントは大いに注目すべき対象となっています。

## 平和学の視点

　20世紀になって平和はたんに戦争と対置されるだけではなく，暴力と対置されるようになってきましたが，平和は長い間戦争と対置されてきたことも事実です。というのは，戦争が最も残虐で悲惨な現実をもたらすからであり，戦争をなくし，心安らかに暮らせることが何よりも重視され，平和は追求すべき価値理念と認識されてきましたが，一方で戦争を美化し，肯定する思考が連綿と続いてきたことも事実です。

　近代においては，平和は戦争と対置されていましたが，現代においては，平和は暴力と対置され，さらには「構造的暴力（貧困・差別・抑圧）の極小化」と，捉えられるようになりました。「構

---

[1] 2009年12月神戸で開催されたザメンホフ祭における講演録。寺島俊穂著『エスペラントと平和の条件』（JELK, 2011）から再録。

造的暴力のない状態」としての平和概念は，日常語として定着したわけではありませんが，平和研究者には受け入れられています。構造的暴力の概念は，平和を社会的・地球的連関のなかでとらえなおしていくために有用だからです。

　近年の平和研究において「平和構築」という視点が注目されるようになったのは，いったん戦争や暴力紛争が始まると，暴力の連鎖が起こり，暴力を押しとどめることが困難になるからです。そこで，武力紛争を未然に防いだり，戦争が起こらないような構造をつくっていく必要が強く意識されるようになりました。平和構築とは，狭義では，①紛争後の秩序回復，当事者間の和解を意味し，広義では，②戦争の予防，戦争が起こらないような相互依存・相互理解の構造を，国境を越えて構築していくことを意味しますが，エスペラントが深く関わっているのは，②の意味での「平和構築」です。

## ザメンホフの平和思想

　ザメンホフがユダヤ人であったことを抜きにエスペラントの誕生はありえなかったとされます。ザメンホフのユダヤ的出自を強調する立場からは，民族間対立の言語的解決策としてよりも，離散したユダヤ人の交流言語としての側面のほうが重要であったとも言われますが，私は，ザメンホフがユダヤ人のことを第一に考えてエスペラントを創案したというより，啓蒙主義の思想の流れのなかで人間主義的観点から普遍的・中立的な言語としてエスペラントを考案した，とみています。なぜなら，ザメンホフ自身，若いころはシオニズムの活動家だったのですが，のちに人類の理念を強く打ち出すとともに，民族主義に反対するという思想的転回もあるからです。

　これまで1000以上考案されたと推定される計画語のなかで，なぜエスペラントだけが持続的に発展しえたのかといえば，その大きな理由は，ザメンホフが作者としての権利を放棄し，言語の発展を使用者大衆に委ねたことにあります。理論よりも実践，作者よりも使用者を重視し，言語は言語実践によって構築されていくというザメンホフの考えは，自然語とも言われる民族語以上に，民主的で創造的な言語使用を可能にし，エスペラント文学・文化の創造につながっていく重要な要素でした。ザメンホフが「徹底

した言語民主主義者」と呼べるような言語思想の持ち主だったことが，エスペラントの持続的発展の支柱になったと言えます。

ザメンホフがエスペラント主義の中核にある思想とみなしたのは，民族と国家によって分断された人間同士が中立的な基盤に立って相互理解を深めるということです。当時の人種主義や民族的排外主義の高まりに強く反発してザメンホフが「すべての民族のあいだの同胞愛と正義の実現」という内的思想を打ち出したことは，一定の理解者・共感者を得ることができましたが，帝国同士が衝突し合う時代にあって，戦争や紛争の原因を民族や宗教に求めることは生ぬるいと感じられ，このような理想主義では戦争を防止できないと考えられたことも事実です。しかし，私たちは，言説によって恐怖をあおり戦争に駆り出す政治のメカニズムや，人種主義の猛威を体験し，近年は民族や宗教を軸にした戦争や暴力を経験してきたので，現在から振り返ってみると，ザメンホフが言語と民族に焦点を合わせて平和構築を考えたことは，時代に先んじた認識だったと言えるでしょう。

### 「平和構築語」としてのエスペラント

ザメンホフは，Lingvo Internacia（国際語）という言葉を使いましたが，エスペラント運動に託した理念とは「人間に共通の言語」によって人びとが自由に交流し，民族や国家に拘束された意識のあり方を人類の一員であるという感覚へと変革していく思想だったように思われます。どんなに時間がかかってもそのために努力することには意味があるということです。したがって，エスペラントはエスペラント運動なしには発展しえず，エスペラントによって国境を越えたネットワークを拡げていき，民衆のあいだに相互理解の構造を創り出し，平和文化の創造に寄与することは，エスペラント創始者であるザメンホフの精神にかなったことです。

エスペラントは，言語民主主義の進展にも貢献しています。エスペラントは，使用者の言語使用によって構築されていく言語であり，国家や国際機関によって改造できないとする，使用者の自己決定権を確立するとともに，公正な国際コミュニケーション秩序の形成を目指してきました。ザメンホフは，エスペラントを使用者が構築していく言語と考えましたが，平和も一人ひとりの市

民が構築していくものと考えられます。

　私はエスペラントを「平和構築語」と呼びたいのですが，それはエスペラントによって平和文化の創造に貢献することができるからです。私たちは，エスペラントによって協力，共感，連帯，対等性，非暴力などの人間的な諸価値を，国境を越えて定着させていくことができます。エスペラントによって人類のなかに共通の基盤をつくっていく仕事は，平和構築のための重要な歩みになるに違いありません。ザメンホフが生涯をかけて実践したように，人間として，市民としてエスペラントに一生を通じて関わり，エスペラント文化を豊かにして次の世代に引き継いでいくこと，多様な文化・民族間の相互理解を中立的な基盤の上で進めていくことが，平和構築につながると確信しています。

2011年9月号

## 書評『エスペラントと平和の条件
### ― 相互理解と言語民主主義 ―』[1]

### 藤巻謙一

　国際語の案は過去にもたくさん発表されたし，いまでも発表されています。それらのうちの多くが流れ星のように消えて行ったのに対して，エスペラントが今日まで残りそれなりの発展を遂げたのは，人間自身を原因とする人間の苦しみ，つまり差別・迫害・貧困・戦争などから人間を解き放ちたいという，創始者ザメンホフの強い願いがあったればこそと，私は思います。エスペラントが単に便利な道具として創られていたとしたら，おそらくほかの多くの案と同じように，とうに消え去っていたことでしょう。

　120年以上の実用を経て，いまやエスペラントは人間が使うコトバとなりました。そしてコトバとしての普及が進むにつれて，創始者と初期の運動者たちの願いを離れ，単なる便利な道具に近づくことになります。コトバそれ自体が思想を含むなどということはあり得ません。普及がさらに進めば，エスペラントがだれによって創られたかとか，人間のコトバとなるまでにどのような苦難があったかということを知らずにこのコトバを話す人が増えることでしょう。これは避けがたいことだと思います。そして，それはそれで良いのです。

　しかし，それはそれで良いと言いつつも，何かしらの不満が残ります。それは，エスペラントがいまも，できれば今後もずっと，人間自身が作った苦しみから人間を解放するために使われるコトバであってほしいという願いが，ザメンホフほどではないとしても，私にも消せないからです。エスペラントが情報端末のような，コミュニケーションのための楽しいツールに過ぎないとしたら，少なくとも私にとってはたいそうつまらないことです。この思いは，おそらく，エスペラントの普及に努める多くの人に共通

---

[1] 寺島俊穂著（JELK, 2011）

なものではないかと思います。

　では，人間をくびきから解き放つためのコトバとして，私（たち）は，エスペラントにどんな役割をもとめているのでしょうか。この答えはひとつではあり得ません。たとえば「人間とはなにか」という根源的な問いに対する答えがひと通りではないように，この問題に対する答えも問う人の数だけあると言うべきでしょう。あるいは，見い出した答えよりも，問い続けることに意義があるのかも知れません。

　寺島俊穂さんがこの本で提示した答えは，「民主主義」「平和」「人権」「公正なコミュニケーション」「言語権」「NGO」「市民の国際交流」のようなキーワードで要約できます。「積極的中立主義」と言いかえても良いでしょう。民衆のレベルでエスペラントの実用性を高め，コミュニケーション問題を国際的に提起し，可能ならば国際機関や行政機関とも連携して，公平で平和な社会を築く。この考え方は，世界エスペラント協会の方針と重なるもので，エスペラント内外を問わず多くの人に受け入れられやすく，すでに現代の中立エスペラント運動の主流，あるいは最大公約数となっていると思います。賛同するしないにかかわらず，自分の考えを深めるために一読する必要があるでしょう。

　さて，「人間をくびきから解き放つための活動」（A）と，「エスペラントを広めるための活動」（B）は，共存できるでしょうか。共存するばかりでなく，相乗効果をもたらすことができるでしょうか。運動全体としても個人としても，これはなかなか難しいことと思います。Aに重きを置けばBが置き去りとなり，Bに集中すればAがおろそかになります。AをとるかBをとるか，時には選択を迫られることもありそうです。また個人としても，左右を問わず，揺るぎない思想とすぐれた言語技術を同時に身につけるのは，並大抵のことではありません。いずれにしろ，どちらか片方を選ぶのではなく，AB両方に足を立てて進むしかないのが現実なのでしょう。時にはAが先を行き，ある時はBが前に出る……両足を一度に前に出すことはできないので。

1998年1月号

## 「平和」を心で捉えたい

土居智江子

　私が学生で，エスペラントを始めたばかりの頃，60年安保闘争①が終わり，盛り上がっていた学生運動も急速に衰退し，挫折感を味わった学生たちは派閥の分裂を繰り返していた。また，「平和運動」と称する運動も分裂し，ののしり合っていた。「中国の核実験はきれいなんだ」とか「ソ連のはいいんだ」などという政党や団体があった。そんな中で多くの学生たちは，何かよりどころを見つけようと模索していた。

　私たちのエスペラント研究会の中でも「平和」について幾度か話し合った。そして物足りなさを感じた幾人かの友はより行動的な活動を求めて私たちの会を後にした。決して雄弁ではない私は彼女たちを引き留める言葉を見つけられなかった。残ったのはエスペラントが好きでたまらない者たちだけであった。なぜあんなにエスペラントが好きであったのか。「楽しかった」という思いのほかに，みんなザメンホフが大好きであった。ザメンホフの平和への素朴な願いは理屈なしに私たちに伝わった。あの頃からもう35年も過ぎた。時代はずいぶんと変わって，学生たちもすっかり裕福になり，享楽的になってしまった。しかし私は「平和」について考える人が少なくなってしまったとは思わない。「平和運動」＝「反核・反戦運動」でなく広義に平和を捉えて活動している人たちが多くいる。「ことばの違いをのりこえて交流し，友情を深める」ことも平和運動と捉える見方もできるようになってきた。「ことばの違いをのりこえる」というのは単にひとつのことばを強制することではない。違いを認識し，相手を尊重し，共存のための「共通の基盤」を見いだしていくことである。この「基盤」を多様に捉えて現在の平和運動は行われている。それは動物愛護であったり，環境保護であったり，第三世界への援助であっ

----

① 1960年の日米安全保障条約改定に対する反対運動。

たり，国際理解活動であったりする。「我こそは平和運動の正統派」という考えこそ，平和を損なっていると思う。

　こんなに平穏な時代にいるからそんな甘い考え方をするのだとは思わない。「正義のための戦い」はもうこりごりである。それが武器をふりかざしたものであっても，思想を盾にしたものであっても，私はいやだ。大切なのは，国が決めたから，政党が決めたから，上の人が決めたからではなく，自分で考え判断することであると私は思う。「自由に発言できる社会実現のために闘うのだ」という人もいるだろう。しかし私は「闘い」を望まない。

　ザメンホフは平和を願ってエスペラントを創った。その思いは私の琴線にふれて響いた。だから私はエスペラントを続けてきた。由比さん①は自ら考えて死を選んだ。その衝撃から立ち直る過程で私は自分の生き方を見つめたように思う。

　「平和」ということばにそれぞれが勝手な色をつけてしまい，何かうす汚れてしまったものに見えるいま，しかし「平和」なしには私たちの明日がないことが明白ないま，もっと純真に「平和」を心で捉えてみたい。そしてエスペランチストも「平和への道」の一翼を担っているのだと自信を持ってみようと思う。

---

① 本書p.88参照。

1998年3月号

# 人権としてのエスペラント

ドイ ヒロカズ

　フランス国民議会において「人権宣言」が採択されてすでに200年以上を経た。また，国連で「世界人権宣言」が採択されて50年になろうとしている。その後も環境権や情報権等，新しい人権が提唱されている。しかし，様ざまな権利がある中で私に強く訴えかけてくるのは思想信条の自由であり，この自由が侵されることには強く反発を感じてきた。

　近代の戦争は総力戦の形をとるようになった。そこでは人の心を愛国心という名の下に支配し，操作しようとした。この状況では思想信条の自由は無視されるようになる。欧米では，武器を取ることに対して信条や宗教上の理由により，若干の折り合いをつけるべき工夫が良心的兵役拒否という形をとって生まれてきたが，天皇制の存在する日本では，例えば，非常事態が生じた場合，同様の自由が認められるとは言い難い。したがって，戦争は個人の思想信条を無視し，押しつぶす最悪のものであり，この意味で戦争は自分にとって最もあってはならないものである。また，平和が単に戦争のない状態を意味するものでない以上，真の平和な状態を計るバロメーターを思想信条の自由を認めるかどうかにおくことは有効であろう。

　戦争にいたらぬまでも，米国におけるマッカーシズム[1]や，日本でのレッドパージ[2]は，個人の思想を国家目的に従属させ，抑圧するものであり，今こうして書いていてもそうだが，身震いを覚えるものだ。日本においても先輩諸氏が戦中になめた辛酸は想

---

[1] 1950年代の米国における反共産主義の政治活動。その攻撃は，多くのジャーナリストや知識人・学者など，さらに映画人にも及んだ。

[2] 戦後の連合国軍占領下の日本において，いったん合法化された日本共産党が冷戦の勃発により非合法化され，日本共産党員とその支持者とみなされた多数の人が役所や企業から解雇された。

像もつかないむごいものであり，それに比べようもないが，学生運動や労働運動，そして会社という組織においても大なり小なり形を変えた思想統制が存在する。個と全体，目的と手段の関係については明確に割り切りにくいものがあるが，個を尊重し，目的が手段を正当化してはならないのは，思想信条の自由の面からも重要である。

エスペラントは単なる言語以上の何ものでもないと，特に最近では多くの人びとが言うようになっている。論理的には賛成であるが，そう言い切りたくはない。エスペラントを広める上での便法としての場合もあろうが，自分にとっては，あくまで個人として，と文脈上あえて断るが，エスペラントは単なる言語以上のものとしてあり続けてほしい。私にとって思想信条の自由への気持ちを強く意識付けたのはエスペラントであり，その意識について考えさせ，育ててくれたのはエスペラントであったから。

Kampanjo 2000[1]においてUEAは言語の平等権を提唱した。この観点からエスペラントの積極的に果たすべき役割を確信し，どのような展望が開けるのか考えていくきっかけとしたい。

---

[1] Kampanjo 2000 por internacia lingva ordo（UEA機関誌*Esperanto*，1997-04）UEA会長Lee Chong-yeongによって提唱された2000年に向けての行動計画で，EUや国際機関における公正なコミュニケーションのための共通言語としてエスペラントの提案を目指した効果的な広報活動の指針が提案された。

平和を考える

1979年10月号

# 被爆の記録『広島・長崎』エスペラント版

## 東海林敬子

　この記録集①の刊行にかかわりあってきた者の一人として，出版までの経緯を述べたい。

　私が「被爆の記録を贈る会」（以下「贈る会」）の存在を新聞紙上で知ったのは，2年前の秋である。

　記事の内容は，原爆被爆の写真を，アメリカから返還されたものと被爆者の絵を加えた記録集として出版，日本語版と英語版，できればフランス語版とエスペラント版刊行も考えたい，というものだった。ユニークなのは，日本語版と外国語版とがセットになっており，日本語版を予約すると自動的に外国語版が海外に贈られる点であった。

　私は早速贈る会の事務所に電話し，エスペラント版実現の可能性を問い合わせた。その時点ではまだ結論は出ないにしろ，予約者数の延びいかんでエスペラント版も出版できる見込みという，希望の持てる返事だった。その後何人かのエスペランチストの働きかけが実り，贈る会とエスペランチスト側の初会合が開かれたのが，昨年1978年の6月17日であった。

　その日，会場の JEI へ急ぐ途中，早稲田の駅で私は偶然，分厚い書物を何冊か抱えた二人連れを見かけ，声をかけた。その内の一人は新聞の写真で見覚えのある，贈る会幹事の岩倉務氏に相違なかった。私は初対面の挨拶をし，エスペラント版実現の喜びを氏に伝えながらも，いかにも重たげに抱えられている本，『広島・長崎』が気になった。

　その会合には，エスペランチスト側から十余人の有志が出席していた。ひと通り自己紹介がすんだところで岩倉氏の持参された『広島・長崎』日本語版第一版が披露された。勢い込んで記録集

───────────────

① "Hirosima-Nagasaki: bilda dokumento pri la atombombado"（『広島・長崎』を世界に送るエスペランチストの会，1979）

平和を考える

を手に取った私だったが，一枚一枚の写真と絵の迫真力に声もなかった。被爆者の戦後33年はどうだったのだろうか。今もなお原爆の後遺症で死と向き合って生きている人びとがいる，その同じ時に，自分が健康に恵まれて生活していられることの不思議さ。

　同席の方がたも，さまざまな思いでその記録集に目を奪われたことだろう。

　その場で「『広島・長崎』を世界に送るエスペランチストの会」（代表：小西岳）が結成され，エスペラント版出版へ全面的な協力をする事が決められた。具体的には翻訳と，全国のエスペランチストに予約・カンパ・贈り先の住所提供を呼びかける事，の2点に焦点が絞られた。

　小西岳さんと柴山純一さんが中心になって翻訳グループをつくり，直ちに翻訳に取りかかった。事務局を引き受けた私は，贈る会とエスペランチストの会の連絡係として仕事を始めた。事務局をJEI内に置く許可が得られたことは，その後の煩雑な仕事をこなす上で，事務局長・忍岡守隆さんの絶対的な協力が得られることになり，何かと好都合だった。

　海外への贈呈は，個人あてに発送する他に，送料節約のために団体に仲介を依頼できないだろうか，との「贈る会」の意向に，私たちはUEAなどに協力を求めることを考えた。折しも訪中した磯部幸子[1]さんが，中国エスペラント連盟の幹部に数十冊のエスペラント版贈呈を申し入れたところ，その場で快諾された。英語版を中国に送るのが難しい，と岩倉氏が嘆かれた矢先の朗報である。また，10月末，スイスに出張した夫（東海林信行）はUEAに立ち寄り，エスペラント版を世界中に配布するために仲介役を依頼した。Sadler[2]，Milojeviĉ[3]ご両人が相談の上，数百冊を引き受けること，Esperanto誌に普及のための記事を載せる事など約束してくれたそうである。

　さて，予約・カンパ・贈り先住所提供を訴えたエスペランチストの会趣意書は，KLEGの全面的な協力を得て印刷され，11月下

---

[1] いそべ・ゆきこ（1913-1988）当時JEI理事長代理　事典
[2] Victor Sadler：当時UEA事務局総長
[3] Simo Milojeviĉ：当時UEA事務局次長

旬には全国へ発送された。

　このエスペラント版の印刷部数は1500部の予定であった。五年後，十年後にこの記録集がたやすく手に入るだろうかと考え，将来の需要に応えるため保存版の増刷を贈る会に認めてもらった。早速，連盟・団体あて保存版の予約を呼びかけたところ，JEIとKLEGなどから合計225冊の申し込みを受けた。

　1978年11月下旬に，待望の翻訳が完成した。

　14人の翻訳グループによって訳されたものを，小西さんが，ご本人によると「独断と偏見」によって書き直し，スタイルを統一された。固有名詞の表記にはヘボン式をとらずに第二表式（訓令式）が採用された。また，この翻訳中に"hibakŝo"という単語が初めて使用されたことにも注目したい。ともあれ，写真集だとはいえ340ページもの訳をまとめ，タイプされた小西さんのご苦労は大変だったであろう。

　IBMのプロ・タイピストによって打たれた初校が届いたのが，今年1979年の1月だった。校正は東京勢6人が担当，誰もが舌をまくほど見事なタイプ打ちで，字上符を除いてミスがほとんどない。

　校正と並行して，海外贈呈先の整理，タイプ作業がJPEAの協力で進んでいた。最終校正が出来上がったのが7月，スペイン語版と抱き合わせ出版のため，つぎの校正が届くまでかなりの時間がかかった。こうして，2月出版の予定より遅れて，1979年7月23日，"Hirosima-Nagasaki" 2000部が完成した。その内の50冊は，さっそく贈る会によって，スイスのルツェルンの世界大会[①]へと空輸され，ルツェルン市長を始め，ソ連，中国，ハンガリーなどからの大会参加者に手渡された。

　また，「贈る会」によって組織された「ヒロシマ・ナガサキを訴える平和の旅市民代表団」は，8月16日にブルガリアで原爆写真展を開いたが，その旅にもエスペラント版30冊が運ばれ，同行した栗田公明さんの手でブルガリア，ポーランド，東ドイツのエスペランチストに贈られている。

　9月中旬までに私たちの会に届いた予約申し込みは，海外への

---

① 1979年の第64回UK

追加発送分を含め360冊をこえた。翻訳に始まり，予約，カンパ，
住所，提供，発送，タイプその他もろもろの作業に，支援を惜し
まなかったエスペランチストは，のべ数百人にものぼるだろうか。
これらの方がたと共に，この質・量ともに重厚な原爆記録集の完
成を，心から喜びたいと思う。
　しかし，「贈る会」との共働事業である"Hirosima-Nagasaki"
出版は，ある意味では容易な仕事だった，と私は思っている。エ
スペラントが真に平和を守る武器となり得るかどうか，この運動
に限っていえば，問題はこれからだ。贈る会によると，これまで
に海外へ贈られた英語版の反響は，予想外に少ないのだそうだ。
英語版やスペイン語版と共に，それらをカバーして世界の国々に
送られていくエスペラント版の反響は，どうだろうか。それを確
認することが，私たち，この事業に関係してきた何百人かのエス
ペランチストの今後の課題ではないだろうか。

1992年2月号

## "Notoj pri la Delto"[1]おぼえがき

### サカモト ショージ

　昨年（1991年）7月27日の『朝日新聞』朝刊の「天声人語」は衝撃的だった。このコラムは，その寸前に出た『暮しの手帖』8‐9月号に掲載された「デルタの記」を紹介し，その一部を引用しながら，画家・彫刻家の岡田春さんが8月6日の広島を克明に観察し，書き残したこの記録は，読む者に被災の現場にいるとすら感じさせる雄弁な文章だ，と推薦している。

　『暮しの手帖』は，わが家でもとっている。しかし，花森編集長が亡くなってからは，ぼく自身はパラパラとめくるのが関の山で，この号も見ていなかった。さっそく読んでみると，なるほどなるほど，大橋社長が「翻訳して世界中の人に知らせたいくらいです」というだけのことはある。「それではひとつ，やらせてもらいましょうか」という気になった。その背景はいろいろ。

　基本的には KLEG が『原爆の子』[2]『死の灰』[3]のあと，会員個々の仕事は別として，自前で原爆問題に取り組んでいない ─ 何かをしたいという考えがあった。また，よこ道の話だが，『暮しの手帖』の前号の対談記事に，エスペラントに関して見当外れな発言があり[4]，これを実際の仕事で見返したい気持ちもないではなかった。

---

① 小西岳訳"Notoj pri la Delto"（JELK, 1992）

② "Infanoj de l' atombombo"（JELK, 1952, 再版1958）

③ "La polvo de l' morto"（JELK, 1955）。1954年第41回日本E大会における「原水爆反対決議」を受けて編集・刊行されたビキニ水爆実験の「死の灰」被爆についての冊子。

④ 『暮らしの手帖』91年6-7月号の対談「ことば ─ 暮しの中のデザイン」において，「……ちゃんと正しいことをしゃべっていれば，その言葉はかならず美しい」と言う安野光雅に対して，天野祐吉が「エスペラント語には，ぜったいならないんですね」と。

もうひとつ，欧米の人たちは本音のところで日本的考え方，感じ方を認めていないようである。新版"Esperanta Antologio"①の選び方を見ても，"Goŝ la 'Ĉelisto"②の書評にも，その感覚がうかがわれる。言いたいことも7分目にして感性に訴えるようなやり方は，通じない。

その点，岡田春さんの文章は十分洗練された文体であるうえ，彫刻家だけあって，生死の境にも失わない冷静な観察力，細部まで浮き彫りにした描写，そして所どころに忘れないほのかなユーモアまで，これなら読ませるのでは，と感じた。

ただ，翻訳者にその人を得ないとブチ壊しであるが，小西岳という最適任者がいる。まず小西さんに原文に当たってもらうのと並行して，KLEG執行委員会の同意を得たうえで，7月30日暮しの手帖社に翻訳出版の許可を願う依頼状を出した。

10日あまりたって承認の返事をもらったときには，小西さんの第1次翻訳がほとんどできていた。大学の夏休みであったとはいえ，驚くべき速さである。そこで調子に乗って，後半の部の原稿またはゲラのコピーを貸してもらえないかと，暮しの手帖社に打診してみたが，9月の次号（10・11月号）発行までお待ちなさいとあっさり断られた。

さいわい，著作権者の岡田聰さん，および，その後に挿絵の使用をお願いした画家の宮崎静夫さんからは快諾のお返事をたまわり，10・11月号の発行後は，夏のような速さではないが，翻訳も順調にすすんで，印刷出版の運びとなった。

この本，まずは1冊をお求めいただきたい。100ページもない本だから，読み通すのにそんなに時間はかからないだろう。その結果「世界中の人に知らせたい」と思われたら，外国の友だちの数だけ送り出してほしい。それだけの値打はある本だと思っている。

---

① W. Auld編のエスペラント原作詩選集（UEA, 1984）
② 野島安太郎訳の宮沢賢治童話集（JELK, 1991）

1999年11月号

# アジア大会で「ベトナム戦争」の分科会

## 西尾 務

第2回アジアエスペラント大会[1]の分科会「ベトナム戦争」は，日本26人，ベトナム7人，韓国4人，中国3人，カナダとイタリア各1人，合計42人の参加を得て成功を収め，われわれの「エスペラント共通歴史教科書の会」の活動の大きな到達点となった。

当初，大会組織委員会に分科会の申し出をしたものの，本当にこの分科会の場所が確保されるのか，心配をしていた。実際，地元組織委員会では，政治性のあるテーマのために，この分科会をためらう雰囲気があったという。それを，UEA のアジア運動委員会（KAEM）の面めんが，この分科会の趣旨を理解して強力に後押しをされ，地元組織委員会を説得されたと聞く。感謝したい。

もうひとつの心配事は，自発的な参加を一般に求めただけであったので，このテーマでの議論を意義あるものにするエスペランチストが，日本以外からも集まるであろうか，ということであった。しかし，大会前に，すでに，韓国，アメリカ，オーストラリアからの積極的な参加申し出があり，一定の手応えは感じ，大会直前には，ベトナムからも積極的な協力申し出が届き，会の成功を予感することができた。

この分科会をその場かぎりにしないために，出席予定者の個人報告，各国歴史教科書の翻訳などを含めた相当ページの資料を用意した。これには，日本からは，世界史教科書のベトナム戦争に関する部分の翻訳，北ベトナム爆撃に反対して焼身自殺した由比忠之進やベトナム平和エスペラント・センター[2]の資料などを盛り込んだ。

分科会は大会2日目（8月23日）の2時に始まった。用意し

---

① 1998年8月ベトナムのハノイで開催。16か国から420人が参加。
② 1966年有志が設立。日本における反戦活動を伝えるための広報誌 *Pacon en Vjetnamio* を13号発行（1970年5月活動休止）。

た20部の資料が不足し，会場には，着席できない参加者があふれた。用意された資料を含め，題材は山ほどあったが，時間は1時間20分に限られている。ベトナムの出席者が7人もいる。私は，できるだけ，彼らの声を聞く時間をより長く持てるように，進行を心がけた。

まず，韓国のプラーモ・チョン（Puramo Chong）が「ベトナム戦争と韓国軍の参加」と題して話し，この参戦に謝罪を表明した。この真摯な態度に心打たれ，ベトナムのレ・ニエム（Le Nhiem）がプラーモを抱きかかえるというシーンがあった。

同じ韓国のバク・ファチョン（Bak Hwachong）は，枯葉剤ダイオキシン[1]について語り，その被害者の救済には関係各国の共同が必要であると述べた。

日本からは熊木秀夫が，自身の日本・ベトナム間の活動を総括して，ベトナムのエスペランチストの出版活動をたたえ，アメリカ帝国主義は決して許すべきでないと訴えた。

ここで，私から，残念ながら参加はならなかったが，文書や精神的支援の形で，アメリカ，オーストラリア，香港からも協力の申し出があったことを話した。

雰囲気を盛り上げたのは，ベトナム参加者を代表して話したホアン・ゴク・ボイ（Hoang Ngoc Boi）であった。彼は，戦争を振り返り，戦後のドイモイ政策[2]の下，人びとは日日の暮らしにかまけているように見えるが，決してこの戦争を忘れることはできないと強調した。そして，この分科会のおかげで，こうしてエスペラントを通して，この戦争を顧みる機会が持てたことに感謝を表明した。

さらに，参加者の心に訴えたのは，レ・ニエム自身の戦争体験談であった。そのすさまじさは，戦争後に故郷に戻ったとき，それが自分の生まれ育った村と分からないほどであった，と語った後，彼は，その政府を許すことはできないが，その人民は許すと

---

[1] ベトナム戦争では，米軍によって，ジャングルや農地などにダイオキシンを含んだ枯葉剤が大量に散布され，戦後も出産異常の増加などで住民を苦しめた。

[2] 1986年以降のベトナムにおける市場経済と対外開放の「刷新」政策。

平和を考える

結んだ。

　続いて，質疑応答の時間を持った。多くの質問が相次いだ。中でも，巨大な米国に対し小さいベトナムが何故勝利したのか，という問いに，ホアンが，"Ne forto sed sorto venkis. Tiu sorto estas justeco."（力ではなく運命が勝った。その運命とは正義である）と答えたのが，印象的であった。

　限られた時間の中で，十分な討論のできない会合であったが，エスペラントという言語が本来使われるべき場面で生き生きと使われ，出席者の心を打ち，エスペラントの力を示した，という点で成功であった。ベトナム側の主たる協力者であるホアンもその成功を喜び，終了後，プラーモとバクと私が地元テレビのインタビューを受けた。

　われわれの会は，この会合の締めくくりに約束したように，この会合をこの時限りにせず，そこで高められた各参加者の気持ちを永続的な活動へとつなげて行くために，報告書を発行する予定である。

（補記）この報告書は，ベトナムからの原稿を待っている間に，私の病気やモスクワ留学などがあり，そのため，出すことができなかった。いま思い返しても，発行すべきであったと思う。

（2015-12-02 西尾務）

平和を考える

2008年5月号

# ヒロシマから平和の呼びかけ

忍岡妙子

〈……国際女性デー実行委員会がエスペラント語で「平和への思いをよせてください」と発信したメールに，世界49カ国から来た返信140通の一部を展示。中国の女性（62）は，沖縄で今月起きた米兵による少女暴行事件を新聞で知り，「平和な日本・アジア・世界をうちたてるために，日本の平和憲法を守ろうとする日本女性を支持します」と寄せた。……〉

これは2月24日の『中国新聞』（本社：広島市）が国際女性デーのパネル展示を報じた記事です。3月8日の今年（2008年）の国際女性デーひろしま集会のテーマは「オキナワを知って知らせよう」と「憲法9条」です。

私は広島で小学校教員をしており，教職員組合の一員です。20年ほど前から18年間，市教組女性部の副部長をし，その間，組織を代表して国際女性デーの実行委員となっていました。それ以前から国際女性デーの催しは続いており，広島市内の組合女性部からの委員が中心となって女性の労働条件やその時どきの平和の問題をめぐる講演や活動状況の交流をしていました。私は主として集会アピール文を担当していました。「国際」女性デーとはいっても，国内的女性デーだと夫（守隆）が揶揄（やゆ）していたものでした。

7年前に我が家でパソコンを日常的に使うようになって，私は実行委員会で，ある提案をしました。

ヒロシマに住む女性である私たちは，常に平和を脅かすもの，戦争や紛争に対して無関心ではいられません。国際女性デーにあたってのヒロシマの私たちの思いを世界に発信し，できれば返事をもらって国際的な意見交流の場を作ろう，というものです。

エスペラントとインターネットでならば，それが可能です。エスペラントの実効性とエスペランチストの平和志向を多くの人に知らせる良いチャンスにもなると思いました。

108

平和を考える

　最初の年は思いつく限りのエスペラントの友人知人に送り，16カ国から30通の返事をもらいました。実行委員たちは，外国から実際に共感と賛同の返事をもらい，感動し勇気づけられました。集会の参加者に海外からのメッセージを印刷して渡し，集会の場に大きく展示をして，参加者からも「視野が広がった」「平和を願う心は世界に共通なのだと実感した」などの反響がありました。「アフガニスタンに平和を」というテーマでは，切実な平和へのメッセージが数多く寄せられ，「女性と平和・憲法９条と24条」をテーマとしたときは「９条を世界の規範に」という声をはじめ，支持する声が35カ国133通も届きました。

　回を追って呼びかけの範囲も広がり（世界エスペラント協会のJarlibro の都市・専門分野代表者リストは強い味方です），毎回のようにメッセージを送ってくれる人もふえ，昨年は50カ国157通にもなりました。実行委員会はもちろん，参加団体や，マスコミにもエスペラントを知らせる場が増えました。また，実行委員会は，５年前には広島市の男女共同参画室にも参加をよびかけ，広島市との共催になりました。そのために労働組合や民主団体だけでなく，より多くの女性グループにも実行委員会への参加を呼びかけることができ，参加者も広がりました。

　ある委員が「他の言語でも呼びかけたら，もっと多くのメッセージが集まるのではないか」と言ったことがありました。そのとき，別のひとりが「平和のためにエスペラントを学んでいるエスペランチストだからこそ，こんなに誠実に私たちの呼びかけに応え，共感してくれるのだと思う」と発言しました。むろん，どの言語でもよい。発信・返信の交流が今ほど必要かつ可能なときはないと思います。しかし，このようなエスペラントによるよびかけと返信の取り組みが，エスペラントへの評価を高めていることは確かです。

　（補記）この活動は，その後も毎年継続して，2015年には41の国と地域から154通のメッセージが届き，「国際女性デーひろしま」において展示しました。　　　　（2015-12-08 忍岡妙子）

109

# ＜第5部　民際語を考える＞

1973年1月号

## エスペラントは「民際語」でないか？

### 宮本正男

　「理念」ばやりの昨今である。そこでわたしも。

　ドレーゼンによると、無階級社会から階級制度が発達し、資本主義社会が成立すると、従来のような国語ばかりではやっていけなくなり、国際補助語が必要となり、さらに、無階級、無国家の時代になると、単一世界語が成立するであろう、ということになっており、現在のエスペラントは「国際補助語」であり、将来の「世界語」の基礎を作るもので、ということになっている。不勉強のせいで、最近の国際語学の現状を知らないので、なんともいえぬが、今の「理論」もまあ大体ここらあたりに落ちついているように思える。これがスターリンによると、さらに（？）「地域共通語」なるものが加わり、さしあたって、それは － 少なくともスラブ圏にあっては － ロシア語である、という。そして、事実上、東ヨーロッパ諸国および一時期の中国で、ロシア語がその役割を果たしている。これは、いわゆる「自由主義諸国」にあって、かってはフランス語、英語、今では米語が、この役割を担っている事実と共に、否定できないことである。

　もう10年にもなるだろうか、UEAは「国際補助語」(Internacia Helplingvo) という規定をやめて、国際語 (Internacia Lingvo) と呼ぶことにしょうと提案して、それをずっと実行している。SAT を支配する思想は「国際語」または「世界語」である。その運動の出発点で、SAT の影響を大きく受けた（？）中国では、いまもって、「世界語」「世界語者」と呼んでいる。

　ところで、はたしてエスペラントは、現時点において「世界語」はおろか、「国際語」、つまり、われわれ日本人がおたがいに日本語で、外国人とはエスペラントで話しあえる段階にいたっているであろうか。もちろん、否である。エスペランチスト界、つまり、

110

この地球上の人口からすると，ホンのひとにぎりにすぎない人間のあいだでだけ，エスペラントは「国際語」でありうるだけ，というのが現状である。田中角栄と周恩来①が，レ・ドクトとキッシンジャー②が，エスペラントで対話しているのではない。つまり簡単にいうと，資本主義国であれ，社会主義国であれ，あるいは，政治・経済・労働・文化その他の社会では，エスペラントではなく，なんらかの国語で話しあいが行なわれており，それらのコトバは，それぞれの条件において「国際語」の役割を果しているのである。まず，この事実を肯定しよう。それどころかエスペランチストの世界大会参加者さえが，国語 ― だいたいが英語 ― をしゃべるガイドに案内されて，各国を歩いている現状である（これは少しオーバーな表現であって，こうした例がそれほど多いわけではない。また，そうあって欲しくない）。

　それでは，「国際語」としてのエスペラントの意義はどこにあるのだろうか。

　ここで，ザメンホフの考えをもう一度かえりみたい。多くの本が語るように，ザメンホフはまず"Universala Lingvo"という思想をもった。誤解をさけるためにいうと，Universala は「普遍的」「宇宙的」というのを第一義とするコトバである。そして，ザメンホフによる，エスペラントの最初の新聞広告（1888年11月）③の見出しでは"Tutmonda Lingvo"（全世界語）で，その広告の本文中では"Internacia Lingvo"という題の本（いわゆる第1書）になっている。

　わたしの考えをあえてズバリというと，ザメンホフ自身で，これらの概念が相当のズレを含んでいることを自覚していなかった，と断定したい。

　ところが，ザメンホフの思想には，もうひとつの概念がひそんでいる。演説や手紙にしばしば見られる intergenta lingvo という考えである。わたしは今まで，社会科学にウトいザメンホフのことだから，internacia と intergenta を混乱させて使用してい

---

① 日中国交正常化時の日本と中国，それぞれの首相。
② パリにおけるベトナム和平会談におけるベトナムと米国の各代表。
③ 「エスペラント最初の広告」(LM, 1972-12)

るもの，と思っていた。しかし，この判断が誤っている可能性があることに，最近気がついた。

　まず，nacio と gento の差を考えてみよう。

　nacio とは，ふつう民族とか国民と訳されるコトバで国土 (lando) などと不可分の概念である。一方，gento は種族とか民族，ときには人種とも訳されるもので，いわば前者は政治的であり，国家概念と密接に結びついており，後者は生物学的なものであり，ときには国家とは無関係であり得る。

　わたしたちは，日本という，ともすれば単一民族国家と思われる地域に住み，事実上，念頭にあるのは，多くの場合 nacio だけで，gento という概念を無視しがちで暮らしている。ザメンホフの住んでいたところ，ポーランドは，おとなりのロシアと共に代表的な plurgenta lando であって，ここに，われわれの潜在思想と大きな差がある。これは宗教についても同様で，宗教問題について，くりかえし，くりかえし説いているザメンホフに理屈上はともかく，実感としては，どうしてもピッタリといかぬのが実情である。ザメンホフの intergenta lingvo という思想を，すぐにうっかり internacia lingvo と受けとったわたし，わたしたちの誤りは，どうやら，ここらあたりから発しているようだ。

　問題を簡素化していうと，通訳を自由に雇える身分の人間にとっては，国際語の必要は痛感されていない。国際的諸機構にあっても，言語の不便さは，まだそれほど大きなものではない。これが，国際連合あたりへいくら請願してみても，鼻であしらわれている最大の原因である。しかし，ただの人民・庶民にとっては，国際語の必要性はいよいよ急をつげている。そして，エスペラントは十分その必要と要請にこたえ得るものである。エスペラント以外のコトバを全然，あるいはほとんど知らずに相当期間ヨーロッパ諸国をひとり旅している日本人，あるいはその反対に，日本へ来る外国人の存在が，これを力強く実証している。

　ここらあたりから，エスペラントとは，そもそも何なのか，を考えることができないだろうか。エスペラントは，今のところ，通訳を雇えない人民間のコトバ，つまり，権力の存在を前提とする inter nacioj のコトバではなく，interpopola lingvo である。それが internacia と呼ばれるようになるまでは，まだ相当の時

間がいるのではないか。

そして，エスペラントが「民際語」であるとすれば，われわれの運動の形も当然異なってくるはずである。上ばかりを向いて，国際機構やなんやらに頼ろうとする姿勢が，まず問題になってくるであろう。

だれか若い人が，文献を調べて，ザメンホフの思想の変転，universala, tutmonda, internacia, intergenta と変わっていく時間的な経過を教えてくれるとありがたい。[1]

（補記）「民際」というコトバには，先例がありました。わたしが書いてから1年ぐらい後に，藤本達生さんから教わったのですが，久野収さんが林達夫さんとの対話で，わたしより1年前に使っています。(1986年4月号)

---

[1] Post dek jaroj la aŭtoro verkis pli ampleksan artikolon pri la sama temo: 'Esperanto – la interpopola lingvo' (LM, 1984-01) kaj ĝi estis represita en "Verkoj de Miyamoto Masao Vol.3" (JELK, 1994) .

1974年5月号

# 「民際語」の民について

### 藤本達生

　まえに宮本正男の「民際語」論が本誌に出たが，あれは好評であったし，「民際語」というコトバ，すなわち考え方が新鮮であったからか，何度か引用されもした。ただし，世間一般が注目したわけでもなく，世の識者の認識をあらたにしたわけでもなさそうであった。どうやら，エスペランチストが「なるほど」と思い，栗栖継①とか，奈良宏志②とかの，モノを書く人たちが引用したにとどまるように思う。

　ある意味で，それは当然のことであった。日本では昔から丘浅次郎③，二葉亭四迷④，大杉栄⑤，柳田国男⑥…というように，近代日本の社会において，「コレ」といった仕事をしてきたエライ人たちが，何等かの意味でエスペランチストであったにもかかわらず，あるいはそれ故に，その他大勢といっては何だが，いわば一般的インテリ大衆，学者大衆には，国際語の問題についての正当な理解が見られないからである。したがって，エスペラントを国際語といおうが民際語といおうが，関心外のことであろう。それどころか，カシコイ人たち，つまりキャリアを大切にする人たちなら，なるべくエスペラントのことは口にしなくなるのが通例である。学生時代に熱心であっても，職業上不可欠でない以上，いつまでもエスペラント，エスペラントなどとは言っておれない。

　第一，先にあげた，またあげなかった「有名人」というより，

---

① くりす・けい（1910-2009）チェコ文学の翻訳者。 事典

② なら・ひろし：小林司 事典 の筆名。

③ おか・あさじろう（1868-1944）動物学者。 事典

④ ふたばてい・しめい（1864-1909）1906年，『世界語』と『世界語読本』を著作（本書p.150参照）。 事典

⑤ おおすぎ・さかえ（1885-1923）アナキズム運動の指導者。 事典

⑥ やなぎた・くにお（1875-1962）民俗学者。 事典

第一級の人物たちにしても，エスペラントについての発言はあっても，コレといった作品がエスペラントによっては書かれていないのである。いずれも，かれらがエスペランチストであったというのは，主として思想的なものであった。かれらが，ナニガシと世に認められたのは，日本語で書いたからであって，もし同じものを国際語でモノにしていても，せいぜい後世のわれわれがよろこぶぐらいで終わったかもしれない。二葉亭の影響がいちばん大きかったろうが，それは『世界語』[1]という学習書を公刊したからであった。

　それで，思想史上の「巨人たち」の研究書は数多いけれど，年譜に「この年，エスペラントを学習」ぐらい出るとか，本文中にも，多少言及される程度で終わりというのがほとんどである。しかし，エライ人というのは，多面体であるから，そこまで言わなくても，他に論ずべきことが多い。国際語あるいは民際語という面からは，やはりエスペランチストのなかから論ずる人間が出るのが順当であろう。その点でも，やや「ヒイキ目」のところはあるにしろ，奈良宏志が書いた柳田国男とエスペラントについての論[2]は，注目されてよいものであった。

　ところで，エスペラントのことを「国際補助語」といい，単に「国際語」といってきたのを，にわかに「民際語」と言い出すと，ことさららしく聞こえるかも知れないが，ザメンホフはどう言っていたか。宮本はエスペラントで，internacia でなく，inter-popola を提唱したが，もともと「ナロード間の…」というロシア語だと，やはり interpopola と同義ではないかと思われる。

　さらにいえば，ザメンホフは intergenta…とも言っている。この gento は，民族学などでいう etna grupo と見てよかろう。すなわち，「民際」とは，人民同士の間のという民際のみならず，最も人間的な意味での民族間，つまり同じ「国家」の中においても，少数民族対支配民族間までも含んだ「民際」でもあろう。これをエスペラントで言い直せば，interetna lingvo としての民際

---

① 『世界語』（彩雲閣，1906）
② 「柳田國男とエスペラント」（『柳田國男研究』第4号：白鯨社，1974）

である。シュヴァルツ①は，edzperanto とシャレたが，現代においては，"esperanto estas ne sole simpla edzperanto,sed ankaŭ etnoperanto!"と言うことになる。エスペラント＝エスノペラントである。

　ついでながら，日本国内のこと，あるいは日本文化をまず知らないのに，国際とか世界とかいうのはおかしいという文化人もあるが，ナニ，「おのれを知るのはもっともむつかしい」とは，昔のエライ人も言っていることだ。まず近くから…というのが順序ではあっても，まさかトナリの家へ行って，泊めてもらうわけにも行かぬ。わたしは，ヨーロッパの田舎の便所は使ったが，隣家のトイレはまだ拝借していない。「急がば回れ」ともいうから，日本のことと同時に，世界のことを言ってもおかしくないであろう。おのれを知るといっても，人間は，他人が見ている自分の顔とか，聞いているナマの声とかは，ついに知ることができず，カガミとかテープレコーダ等のお世話になって，二次的に知り，意外な感じを受けたりする宿命をになっている。仲介なしに見えるのは，せいぜいわれわれ日本人の低いハナ先ぐらいである。

　人間が人間であるシルシは，仲介物を必要とすることであって，その最大のものは言語である。ザメンホフはエスペラントのことを homa lingvo と言っていた。民際語というとき，このことも忘れてはならないだろう。

---

① Raymond Schwartz (1894-1973) フランスのエスペラント文芸家。そのエスペラントによる軽妙なダジャレは有名。

1999年7月号

# 宮本正男の民際語論と私の民際主義[1]

### タニ ヒロユキ

　宮本正男の「エスペラントは『民際語』ではないか？」を読んだとき，「民際語」という言葉は強く私の印象に残り，今の私の思想の一部になった。

　国際語と民際語はどう違うのか。「国際」は，「民族」「国家」を固定した上での連携である。「国際主義」は現在の国連国際主義（先進国と安保理常任国がしきる現行の国際秩序）も，国連無視の米国中心国際主義も，かつてのソ連中心のプロレタリア国際主義も，どれもが結局，国家間の連携でしかなく，しかもその「国際主義」のスローガンのもとに，人間個人は「国民」「人民」という総体として扱われ，「民」個人個人は，そこに埋もれて直接の交際には参加できず，国民人民総体として，国家の枠の中で国家中央の提供する媒体を通じてのみ外と交際できるだけである。この「国際主義」は国家・国民・民族の枠を固定したまま，国家の序列・支配関係をも固定するもので，いわば帝国主義が均衡安定した状態をいう言葉だとさえ言える。そこには「国際主義」「国際化」の名で文化帝国主義が浸透し，国際化といえば英語だというような言語帝国主義もつきまとう。

　今，日本では，「国際化＝英語」「国際貢献＝自衛隊海外派遣・ガイドライン法案」という「米国中心国際主義」とならんで，「国際化＝在日定住外国人の人権・参政権＝英語でなくアジア言語」という別の潮流が存在する。前者は国家の枠での「国際化」，後者は国家の枠より小さなレベルだけれど国家の枠を越える「国際化」である。この両者は同じ「国際化」であっても区別されるべきものだ。「民際」という言葉は，この後者を前者から区別しようとしたところから生まれたものである。

---

[1]　タニヒロユキ著『エスペラントとグローバル化 － 民際語とは何か』（JELK, 2003）から再録。

民際語を考える

　私は学生時代，留学生と交流するサークルで活動に参加して世界各国の留学生と定期的に討論会を持っていたが，国際交流がいわゆる３Ｃ（Custom, Costume, Cooking）を英語で紹介しあうだけの「国際交流」に終始していることに疑問を呈して，「国際交流とは何か」というシンポジウムを何度か企画したことがあった。その中で参考資料として用いた本に，アジア人との民衆どうしの交流の重要性を主張するものがひとつの傾向としてあり，その中に「民際交流」という用語を用いたものがあった。それは時期的には宮本正男の「民際語」や長洲一二[①]の「民際交流」よりも後だったが，私は「民際」なら宮本正男が先に言っているぞと思ったものだ。そういう本の中に，真の国際交流とは，国境という堤防で分断された民衆どうしが，国境堤防に穴をあけてそこから水が漏れるようになり，ついには堤防が崩れ出すようなものだ，という言葉があった。私はこれを読んだとき，これはまさにザメンホフの理想と同じではないかと感じ，そして宮本正男の「民際語ではないか？」を読み直して，同じことを言っていると確信した。このとき以来，私は自分が民際主義者であると自覚した。

　EC統合などの「民族を越える」動きをいう言葉として登場したtransnacia（英語：transnational）という言葉がある。これが今ひとつの主義（ismo）になりつつある。民族主義が連携しても国際主義になるだけが，民族主義を否定して連携しようというのがtransnaciismo（英語：transnationalism）である。民族主義を否定しても，全体がひとつの大民族になろうというのではなく，あくまで個々の差異と地域主義は残したまま，全体として調和しようというものである。それは目標ではなくて，現前の行動様式をいっている。そして，これが個々人のミクロレベルの行動様式として言及されるようになってきた。現実に存在する民族・国民・国家の存在とその差異を認めた上で，それを肯定し固定して連携させる（＝国際主義）のでなく，その境界に穴を開けて個々人が民族・国家を越えて直接連携する，これはまさに上に

---

① ながす・かずじ（1919-99）：1975年，神奈川県知事として「民際外交」を提唱。

述べた「民際主義」ではないか。これに気付いてから，私は「民際」の同義語として transnacia を用いるようになり，私は transnaciisto（ときに malnaciisto）になった（malnaciisto は，naciisto「ナショナリスト」の反対の存在というほどの意味）。interpopola という訳もあるが，popolo＝「人民」だから，これだと人民を総体としてとらえることになり，internacia とあまり変わらなくなると思う。

　国際主義国際交流には英語やロシア語の国連公用語がふさわしいように，民際主義民際交流には直接お互いの言語を学びあうかエスペラントがふさわしい。だから宮本正男の民際語論は今私の民際主義の一部なのである。エスペラントが「民際語」であると言うとき，「国際語」の単なる言い換えではない意味がそこにはある。

　このように，宮本正男の民際語論は，今，私の民際主義の一部なのである。人間は思想を持たなければならないということを教えてくれたのも宮本正男である。

2003年8月号

## 書評：『エスペラントとグローバル化
　－　民際語とは何か　－』[1]

### 三浦伸夫

　今日のグローバル化によって近代国民国家は解体されつつあり，それにともなって NGO が地球規模で活躍する時代になっている。しかしその活動の場では通訳が使われたり，あるいはもっぱら英語が伝達言語として使われたりするのが現状である。国家によらない非政治団体である NGO といえども，そこでは英語優位が明らかであり，英米の支配構造に結局は加担してしまっているのが現状である。たしかに，NGO は目的集団であり，目的のためには参加者の交流言語として現状では英語がもっとも有効であることも理解はできるが，それでも NGO の多くは従来言語問題に関してきわめて無関心でありすぎたといわざるを得ない。今日のグローバル時代にあって，地球規模の伝達言語問題は，単にコミュニケーションのみならず，人権（言語権），民族問題などの政治問題とも絡み合い，最重要な緊急課題であるはずなのだが，すでに既成事実として英語が伝達言語として無反省的に用いられているのである。この問題を一市民の立場から考え，それに沿ってエスペランティストとして実際に行動してきたのが著者のタニヒロユキ氏である。

　本書は，「民際主義」とそのために用いられるべき言語を主題とした，日本はもちろんのこと，世界初の「民際語」論にかんする著作である。氏はエスペラントの特質を国家・国民の枠を超えた民衆レベルの交流言語にみる。その意味でエスペラントは国際語というよりは民際語なのである。そこでは言語権が尊重されなければならない。今までの氏の書き物を集めた前半部のなかで，評者に興味深かったのは，この言語権にかかわる英語帝国主義への見解である。英語帝国主義を含め言語帝国主義は論外としても，

---

[1] タニヒロユキ著（JELK, 2003）。

それに対抗するものとして民族を強調し過ぎてしまえば，今度は言語民族主義に陥ってしまうことになるという。それはまた，差別に抵抗しようとするものが今度は差別する側に回ることになり，結局は言語権を侵害してしまうというのである。

　後半部は氏の新たな書下ろしである。ここでは国際語に対立する概念としての民際語が多方面から論ぜられる。言語選択権の問題，エスペラントの積極的中立主義の問題，超帝国主義など，従来のエスペラント論とは異なる切り込み方で，読者に民際語について考える場を提供している。興味深かったのは，氏のいう「民際的関係」の定義である。これは一般的には，国家・国民（nacio）を超えた（trans）関係であるから，transnacia という訳語になる。しかし，氏は，さらにそれとは範疇の異なる，階級，ジェンダーなども含め，それらを超えるものとして民際的関係をとらえるのである。その意味で，氏は interhoma（人間どうしの）という訳語を提示している。これ自体はさらに詳細な議論が必要であるが（氏にそれを期待したい），ここでは氏の人間尊重の姿勢がうかがえる。

　後半部では，近年のネグリ，ハートなどの政治論，社会学あるいはカルチュラル・スタディーズ論の用語がしばしば用いられ，あるいはカウツキー①などにも言及され，その方面に関心のなかったものには本書の理解は必ずしも容易ではない。また本書全体の構成もまだ整理の余地があると思われる。そして氏の専門領域のモンゴル語や，さらに中国少数言語民族への言及が見られることから，アジア的視座を本書の基底のひとつに置くことも可能であったのではと評者には思える。

　ともあれ，本書では氏の民際語論にかんする真摯な格闘の姿勢がいたるところうかがえ，そこではいわば民際語論の生みの苦しみが見られる。その意味で本書は，その問題に無関心でいた読者にも民際語としてのエスペラントを考える機会を提供してくれるものである。議論の出発点として，本書は小冊子ながらその使命を十分に果たしているといえるであろう。エスペランティストはともかくも手元において損はない書物である。

---

① ネグリ，ハート，カウツキー：いずれも，タニの著書を参照。

1977年1月号

# 民族の自立と言葉

柴山純一

　今年でエスペラントが発表されて90年になる。その間に世界はさまざまに動いていった。ところで，ザメンホフがめざしていた internacia，宮本正男氏が「民際」と名付けた考えはどうなってきただろうか。

　ザメンホフが99年前にはじめて人工語草案を著したとき，それは Lingwe Uniwersala と名付けられていた[①]。「普遍な言葉」である。世の中に普遍なものはいくつかある。科学が追求する自然法則は普遍である。人間が言葉をあやつる能力も，また，おそらく宗教が追求するものも普遍である。

　それらは，internacia ではない。もともと nacio（民族，国民）のわくぐみの外にある。いわば supernacia「超民族的」である。

　宗教，とくに大宗教は普遍性を指向するとともに，その土台となる民族の一体観の確立に寄与する。われわれエスペランチストは，ザメンホフの出身の関係から「ユダヤ人とはユダヤ教の神エホバを信じる者だ」ということを知るようになった。ところで，最近のニュースで，ユダヤ人との対立を聞くアラブ人というのも「イスラム教の神アラーを信ずる者だ」といえる。また「アラビア語で話すのがアラブ人だ」という人もいる。これももっともに聞こえるが，テル・アビブ大学の Jack Fellman 教授によれば，言葉が民族統一との意識が生じたのは，アラブ世界が，すでに民族国家の段階に入ったヨーロッパと接した19世紀以後で，それ以前はもっぱら「神」が中心だったそうである。つまり「言語」が「民族」と結びついたのは，世界史の流れでは，わりに新しいことであった。「民族の間の言葉（lingvo inter nacioj）」とは「民族の言葉（la lingvo de la nacio）」が明確になってからの考え方

---

① 1878年ザメンホフ少年が考案したと伝えられているが，そのノートの存在は確認されていない。

である。それはもちろんスムーズにいったのではなく，ザメンホフのいたロシア帝国の中のポーランド民族の独立運動のように，帝国主義と民族自立のたたかいの中で形成されたものであった。

第1次世界大戦後にヨーロッパにおこった民族自決のうねりは，第2次大戦後にアジア・アフリカの独立運動となり，今や世界は「最後の植民地」の独立を待つようになった。その間に，強力な民族主義にささえられ，トルコで，イスラエルで，言語改革が行なわれ「人工」のことばがまさに民族のアイデンティティの象徴となった。独自の正書法を定着させ，高等教育をすすめられるよう民族語を整備した国も多い。

そういう傾向の中で，エスペラントはヨーロッパを中心に広がってきた。その internacia 意識は，いまだ第2次大戦前の，すなわちヨーロッパの諸民族の間のものにとどまっているように見える。

今，アフリカでは，何千もあるという部族のことばないし方言（「部族」というのは，西欧的な「民族」の形成が植民地政策によって抑圧されていたからである）の間に，族際語としてスワヒリ語[1]，ハウサ語[2]などが定着しつつある。そして，それらの国では文盲をなくすことが最も重要で，とてもエスペラントまで手を回せる状態ではない。

われわれエスペランチストは，つちかってきた internacia の理念を，20世紀も4分の3をすぎた現在，どう生かしていくべきだろうか。それはわれわれの問題である。

---

[1] 主として，東アフリカで広く使われている。
[2] ナイジェリアを中心に，アフリカ西南部で使われている。

＜第6部　民際活動を考える＞

1994年10月号

## ソウルの街角で － UK参加記

### 染川隆俊

　初等講習会からすべてがはじまりました。

　講習会も3カ月を過ぎ，最初の海外文通の手紙をようやく書き
上げ返事の到来を待っていた昨年8月，講師の竹内義一さんが実
に楽しそうにバレンシアでの世界大会[1]の様子について話をされ
ました。来年はソウル[2]だから参加しませんか。有無を言わさぬ
説得力がこの竹内さんの言葉にはありました。

　そうか，ソウルで開かれるのか。2年前に訪れたソウルの町並
みが脳裏に浮かびました。ぜひもう一度訪ねてみたいと考えてい
たその町の名に心ひかれました。年を越えると参加費が値上がり
すると聞いて，年末に申し込みを済ませました。UEA 会員には
割引があるというので，UEA の会員登録もしました。715という
番号のついたはがきが届き，Dua Bulteno も届きました。
ekskurso などの申し込みもして，いよいよ大会参加だという気
になって来ました。しかし，肝心のエスペラントの学習は遅遅と
して進みません。会話の練習を中津正徳さんにお願いしても，
"Bonan tagon..."と3秒で挫折してしまう有り様でした。しゃべ
られへんで。大きな不安を抱えたまま，あれよあれよという間に
大会当日になってしまいました。

　ソウルも暑い町でした。しかしホテルを利用した会場はきわめ
て快適でした。巨大な緑星旗が正面にかかげられた大きなホール
にぎっしりとひとが集まった開会式。ここにいるのがエスペラン
ティストばかりなのだと考えると，何だかとても不思議な気がし
ました。エスペラントなんて世界で40，50人しか使ってないん

---

① 1993年スペインのバレンシアで開催された第78回UK。
② 1994年韓国のソウルで開催された第79回UK。

だろうと講習会に参加するまで思っていましたから。"Saluton!"
"Saluton!"あちこちで気軽にあいさつを交わし合う姿がみられ
ました。大会大学に参加したり，芝居を見たり，本屋をのぞいた
りすることももちろん興味深いことでしたが，話をすることが楽
しいことでした。会場の隅でポツンとひとり寂しく過ごすことに
なるんじゃなかろうかと気が気でなかったのですが，どうにかこ
うにか意思の疎通はできました。

　私の所属する高槻エスペラント会では，秋のエスペラント展に
向けて「外国人から見た日本」というアンケートを会場で実施し
ました。このアンケートをきっかけにして数十人と話をすること
ができました。年齢や性別を，そしてどこの国からやって来たの
か，母語は何かということを気にすることなく言葉を交わし合う
とき，samideano という言葉を実感しました。多少落ち着きが
できると，いろいろなひとがいろいろなエスペラントを使ってい
ることに気づきました。非常にくせの強い発音をするひとと話を
したときは，自分もこうなんだろうなと鏡を見る思いでした。

　地元韓国からの参加者に若い世代 － 10代後半から20代 －
が多いのも印象的でした。積極的で好奇心旺盛な彼らと話をする
のはきわめて楽しく，また大いに刺激を受けました。彼らの多く
が初心者でした。エスペラントを習い始めてから１カ月だとか，
３カ月だとか。日本への関心は高いようで，あこがれの国だとか，
一度訪ねてみたいとかよく聞きました。お互いに話したいことが
あるのに言葉が思いつかず，辞書を引きながら筆談も交えて話し
たこともありました。ノートを開くとそのときの様子が思い出さ
れます。ブタ年生まれだというので驚いてブタの絵を描いたりも
しています。

　「欺瞞だ！」と激しい口調で日本政府を非難する横断幕を持っ
た一団に街角で出会いました。いたたまれない思いでその場を立
ち去りましたが，政府の発表した従軍慰安婦問題への対応策に対
する抗議デモだということをあとで知りました。日本と韓国との
関係を考えるとき，近代のゆがんだ関係を無視することはできま
せん。なぜこのような関係が生み出されてしまったのか。単に「不
幸な歴史」といって済ますことはできないでしょう。

民際活動を考える

　ソウルの中心部に国立中央博物館があります。旧朝鮮総督府①
の建物です。圧倒的な迫力でそびえ立つその建物は壮麗であるだ
けにより一層むなしいものだと思えてなりません。ある詩人は建
物を「鳴り響き終えた音楽」にたとえました。50年目の光復節と
いう大きな節目を迎えて，この建物は来年取り壊されるといいま
す。響き合う音楽をエスペラントという楽器で奏でていくことが
できるのかもしれない。

　屈託なく語り合ったあの gejunuloj の顔を思い出すとふとそ
んなことが思われるのです。ともあれ，エスペラントとともに過
ごした忘れ難い夏となりました。

---

① 1910年韓国併合後，日本が朝鮮全土を統治するために設置した官庁。
　その建物は朝鮮王朝の王宮敷地内に立てられていたが，1995年から
　96年にかけて解体撤去された。

1995年8月号

# 日韓共通歴史教科書の会

三宅栄治

　私がはじめて韓国に行ったのは10年前のことになる。それは知り合いのエスペランチストを訪ねるグループ旅行であった。私たちは空港で韓国エスペラント協会の方がたの歓迎を受け，ソウルにある協会の事務所に案内された。和気あいあいとした雰囲気の中であいさつを交わしたあと，私たち4人は韓国のエスペラント誌[1]の記者から，インタビューを申し込まれた。まだ日本からのエスペランチストの訪問は頻繁ではなかった時期である。

　「はじめて韓国へ来た印象は？」など一般的な質問を予想していた私は，いきなり「日本政府の行っている在日外国人の指紋押なつ問題について，どう考えるか」という厳しい問いを投げかけられ，返答に窮した。確かに当時は，この問題が新聞の紙面で大きく取り上げられていた。また歴史を学ぶ者として一応の考えをもっているつもりだった。しかし韓国訪問の門口で，このような問いを「1人の日本人として」つきつけられたことに大きなショックを受けた。韓国併合，強制連行といった日本の侵略の事実を言葉の上で知っていても，あまり切実な問題としてはとらえていない自分が恥ずかしくもあり，また痛切な思いをもちつつ戦後を生きてきた韓国の人びとの怒りが「指紋押なつ問題」を機に噴き出してきているようにも感じた。

　2回目の韓国訪問は1988年の第7回日韓青年エスペラント・セミナー[2]に際してだった。慶州に近い海辺の町の海洋研修所で行われ，歴史に関する分科会などが行われた。特に日韓の現代史

---

[1]　当時の韓国では，Korea Esperanto-Asocioの機関誌 *La Lanterno Azia* のほかに，広報誌 *La Espero el Koreio* が刊行されていた。

[2]　1982年以来開催されている合宿形式のKomuna Seminario。当初は日本と韓国で交互に開催。現在では，中国とベトナムが加わった東アジアの青年エスペランチストの交流行事に発展している。

についての討論は非常に興味深かった。しかし議論になると日本
側と韓国側の参加者の意見がどうしてもかみ合わない。

　語学的な問題もあるのだろうが，それ以前に学校で教えられて
いる歴史の内容が，特に現代史については，日韓で大きな違いが
あるらしい，ということに気がついた。

　日本ではわずか半ページ程度触れられているにすぎない日本
の支配時代（1910-45）が，韓国の国定教科書では何十ページに
もわたって詳しく書かれているということを聞いた。そして，そ
こに登場する日本人の多くは，暴力で韓国の民衆の命と財産を奪
う，悪鬼のような存在であった。小さな時からこうした教育を受
けた若い韓国人にとって日本人と交流するということ自体，大変
勇気のいることなのではないか。また，日本の歴史教科書が，自
国に都合の悪いことを，覆い隠すように（検定の問題もあるが）
しか書かれていないことを実感した。

　以上のような経験を通じて，日本人と韓国人が互いに過去をよ
り正しく知り交流していくということの大切さを痛感するよう
になった。その後，自民党の文部大臣藤尾氏が「日韓併合は韓国
側にも責任あり」という発言をし[1]，1991年ごろからは，従軍慰
安婦の問題が大きく取り上げられ，韓国側でも補償を求める声が
大きくなっていった。

　こうした時期に私は，西尾務さんから提案のあった，「日韓共
通歴史教科書の会」[2]に参加した。最初の会合は92年6月に行わ
れた第40回関西エスペラント大会で持たれたが，韓国人参加者も
あり，運動への支持・協力を約束した。その後，韓国で行われた
第11回日韓青年エスペラント・セミナーでも「日本と韓国の近代
関係史」がテーマに取り上げられ，92年8月に行われた日本エス
ペラント大会では「教科書で扱われた15年戦争」という大会討論
の中で西尾さんが，共通歴史教科書の会についての呼びかけを行
った。その後，93年5月の関西エスペラント大会で分科会をもち，

---

[1] この発言をした第三次中曽根内閣の文部大臣藤尾正行は，外交関係
　に配慮した中曽根康弘首相により罷免された（1986年）。
[2] 正式名称は,「エスペラント共通歴史教科書の会」（Esperanto-Grupo
　por komuna lernolibro pri historio）

民際活動を考える

10人程度の参加者・協力者のグループで具体的な活動を進めていくことが決まり，94年ソウルで行われる世界大会を目標に日韓の関係史に関する資料を発行するという目標を定めた。また正式名称として「日韓共通歴史教科書の会」を定め，久保井規夫氏の『入門　朝鮮と日本の歴史』[1] をエスペラント訳し，日韓で共通の歴史認識を育てるための資料とすること，さらに進んで両国共通のエスペラント版歴史教科書を作成することを決めた。現在は「朝鮮と日本の歴史」全体の訳が終了しつつあり，8月中国でおこなわれるアジア青年エスペラント・セミナーではその一部を紹介して，中国のエスペランチストにも会の活動について知らせる予定である。共通歴史教科書の作成は将来的には日韓だけでなく，中国やヴェトナムなどアジアの諸国にまで広げていきたいという希望がある。それは，民衆の視点からアジアの一員として自らの歴史を，あるいは隣人の歴史をエスペラントという相互理解の手段によって，わかり合おうという目的を持っている。

　昨年のソウルでの世界エスペラント大会では「アジアの時代」という言葉が盛んに使われた。しかし，真にアジアの時代を迎えるためには，お互いがその過去について，しっかりした認識を持つことが大事であろう。特に戦後半世紀を迎え，侵略の意識が風化されつつある日本に住む我われにとって。

―――――――――――――――――

[1]　（明石書店，1988）。
　　エスペラント訳は "Historio de Japanio kaj Koreio: Enkonduko"
　　(Esperanto-Grupo por komuna lernolibro pri historio, 1995)。

1997年1月号/2月号

# 第2回日韓関係史エスペラントシンポジウム報告

### 西尾 務

　KLEG と神戸学生青年センターの後援を受けた第2回日韓関係史エスペラントシンポジウムは，神戸学生青年センターで8月29日から31日まで，日本から23人，韓国から7人の参加を得て，前回（第1回，1996年4月，韓国のソウルで開催）[1]と同様に成功のうちに終了した。

　参加者の顔ぶれは，男女（女性は韓国から2人日本から4人）年齢（20代から80代）も職業も多彩なものであった。

　神戸学生青年センターに合宿し，2泊3日間，共に寝起きし食事をしながら，エスペラントだけで合計12時間の討論講演と2日目の夜の懇親会を交え友好と理解を深めた。

　メインテーマとして，「アジア太平洋戦争とその記憶」を設定し，そのテーマのもとに設定したサブテーマについて，それぞれの報告者の基調報告を受けて討論をすすめた。

　今回の特長は，まず歴史の専門家との協働と一般への働きかけを図ったことである。そのため第2日には京都大学人文科学研究所助教授の水野直樹氏に「日本の朝鮮植民地支配とアジア太平洋戦争」と題して日本語で，また韓国西京大学教授高句麗研究所のソ・ギルス（So Gilsu）氏には「正しい韓日関係を築くための歴史的イデオロギー ― 韓日兄弟論」と題してエスペラントで講演をしてもらい，それを一般にも公開した。講演会のはじめには，われわれが翻訳出版した『入門 朝鮮と日本の歴史』[2]の著者・久保井規夫氏に挨拶をしていただいた。シンポジウム参加者に加え，25人の出席があった。

　この際，同時通訳が技術的な制約で不可能であったのとエスペ

---

① この報告は寺島俊穂著『エスペラントと平和の条件』に収録されている。

② 本書p.129参照。

ラント・日本語・韓国語を公平に扱うため，講演内容の３か国語のテキストを用意して，テキストには段落番号を付け，その番号を話の進行に合わせて聴衆に示すという方式を採用した。この３か国語によるテキストを用意できたという点では自己評価している。しかし，この方式が講演の理解に有効であったかどうか判断が必要である。

また，はじめの久保井氏の挨拶や用意したテキストから離れる部分と，講演後の質疑応答には，日本語・エスペラントの間の通訳を付けた。東京の泉幸男氏には，特別討論会も含めこの大変な通訳の仕事を手伝ってもらった。感謝したい。

この講演については，新聞などに知らせを出したが残念ながら，あまり取り上げられず，一般参加は多くなかったのが悔やまれる。しかし，外へ向かってのわれわれの活動の展開は続けて行きたい。

予期しなかった成果は，われわれの多くとは歴史教科書の在り方について反対の考えをもつ日本のエスペランチストの参加があり，彼の反論を軸に日韓双方のエスペランチストの間で熱い議論が展開されたことである。その人自身は少数意見で，肩身の狭い思いをしたかもしれない。しかし，懇親会などでも意見の違いを超えて分け隔てのない交流ができたことを評価し，その勇気ある参加に感謝したい。

参加者のほとんどは，エスペラントを使っての討論と気持ちのぶつけあいという合宿生活の中での喜びと悲しみの気持ちを交歓してエスペラントを実用する楽しさを心底から味わったようで，それと共に，関係史についての相互理解を深めたシンポジウムの体験に満足し，今後とも参加したいという気持ちを表明した。

また収支的には，実際の参加者以外の，また会員以外の方からも多額のご寄付をいただき，そのおかげでなんとか赤字をまぬがれた。ご寄付をいただいた方に感謝するとともに，この活動が日本のエスペランチストの方がたに支えられているという感を強くし，励まされている。

各討論の報告者とサブテーマは以下の通り。各討論の司会・進行は，ジョエル・ブロゾウスキー[1]。

---

[1] Joel Brozovsky：米国のエスペランチスト。当時，日本在住。

第1討論（第1日）
西尾務：日本が仕掛けたアジア太平洋戦争について，アジア各国の教科書にかかれていることを読んで，人間として，日本人として感じたこと。
ホ・ソン（Ho Song）：日本の帝国主義者とその賛同者たちに如何に立ち向かい，こたえるべきか。
第2討論（第2日）
田平正子：アジア太平洋戦争における性奴隷（従軍慰安婦）。
チェ・ユンヒ（Choi Yunhuy）：従軍慰安婦 ― 彼女たちの韓国における現在の生活。
笹沼一弘：日本の中学校教科書における「従軍慰安婦」についての記述の問題。
第3討論（第2日）
三宅栄治：日本の高校世界史教科書に見る日本の朝鮮支配。
木村護郎：日本（だけでなく）の歴史教育のいくつかの問題と新しい教科書のためのわれわれの活動。
特別討論（第2日）
タニ ヒロユキ：自由主義史観とその問題点。
　　この討論では，久保井規夫氏と水野直樹氏にも参加してもらい，それぞれ発言者にはできる人は自分の発言を翻訳しながら，できない人には通訳を付けて討論をすすめた。エスペラントを知らない人に，エスペラントの実用の場面を見てもらうことができたと思っている。
第4討論（第3日）
寺島俊穂：天皇裕仁とアジア太平洋戦争。
キム・ヤンスン（Kim Yangsun）：韓国人民は皇民化政策のもとですべてを失った。
第5討論（第3日）
バク・ファチョン（Bak Hwachong）：医学と道徳。
山本辰太郎：私が受け継いだものと私がしていること ― アジア太平洋戦争の年月をソウルに生きたひとりの日本人にとっての日韓（および日中）関係小史

次回のシンポジウムは，来年韓国で予定しているが，その責任者は残念ながら決められなかった。[1]

（補記）第１回シンポジウム（1996年）と第２回シンポジウム（1997年）の報告書は，"Transnacia diskutado pri historio: Raporto de la 1-a kaj 2-a simpozioj pri rilathistorio inter Japanio kaj Koreio"（Esperanto-grupo por komuna lernolibro pri historio, 1998）として刊行された。

---

[1] 第３回は，1998年8月，ソウルの韓国外国語大学で開催された（報告は，LM1998年10月号の田中一喜「第３回日韓関係史エスペラントシンポジウムに参加して」）。

2007年10月号

# 『日中韓共通近現代史』の翻訳出版

## 佐藤守男

　日本，中国，韓国のエスペランチストで共同翻訳に取り組んでいた『未来をひらく歴史』のエスペラント訳 "Historio por Malfermi Estontecon" の出版が8月の世界大会[1]に間に合いました。

　そして，大会の番組 Kleriga Lundo[2]で，このプロジェクトの報告を行うことができました。約100人の出席があり，韓国のイ・チョンヨン（LEE Chong-Yeong）さんが共通歴史教材のエスペラント訳出版の意義，私が翻訳と校正について，中国のユー・タオ（Yu Tao）さんが編集と出版について報告しました。UEA に販売を委託した100冊の内74冊が大会中に売れたようです。

　国を超えたエスペランチストの共同活動の成果を世界大会の場で紹介できたこと，国を超えた市民活動の道具としてエスペラントの有用性を対外的にも示すことが出来たことにも，この事業の大きな意味があると思います。

　2年前の2005年の春，日中韓共同編集『未来をひらく歴史』の日本語版[3]・中国語版・韓国語版が出版されました。

　そのときこれを日中韓のエスペランチストで共同翻訳してはどうかと考えました。

　その背景には，以前に西尾務さんたちがすすめた日韓共通歴史教科書活動[4]の実績があります。今度は，それに中国が加わるものです。その考えを田平正子さんに話したところ，その年の京都での関西エスペラント大会にイ・チョンヨンさんが来るので，相

---

① 2007年横浜で開催された第92回UK。
② 大会期間中の月曜日に開かれる教養番組。
③ 日中韓3国共通歴史教材委員会『未来をひらく歴史—日本・中国・韓国＝共同編集 東アジア3国の近現代史』（高文研，2005）
④ 本書 p.127 および p.130 参照。

談してみてはとの助言をいただき，さらに，そのイさんを関西空港まで出迎えに行ってほしいと頼まれました。それがこのプロジェクトの出発点でした。

　関空から京都までの電車の中。イさんは，おもいのほか積極的で，話はどんどん進みました。イさんが大会講演の中でその構想を紹介してくれました。そして，大会期間中にかなりの方から翻訳活動参加の意思表示がありました。その後，全国的にも参加を呼びかけた結果，参加者は22人となりました。中国と韓国が，それぞれ11人なのに比べて倍の規模です。しかし，中国と韓国がベテランぞろいであるのに対し，日本の場合はベテランばかりとはいえません。そこで日本では，まず二人一組になって相互添削を行ってもらい，その結果をさらに翻訳者以外の３人に校閲者として監修をお願いしました。

　翻訳に当たって，３か国間では，次の原則を決めました。
　(1) ３国の順序はアルファベット順にする。
　(2) 固有名詞の表記は PIV にあるものはそれによる。それ以外はそれぞれの国で一般的に使われている表記法（日本ではヘボン式）による。
　(3) 意味が同じでも，翻訳者によって異なる表現をしている場合は原則的にはそれぞれを尊重する。
　(4) 同一事件でも国によって異なる表現がある場合や特殊な用語については注釈を付ける。

　そのようにして，2005年の年末までにそれぞれの翻訳がほぼ完了し，イさんへ送付されました。そして，日中韓の全体をまとめたものが韓国エスペラント協会のホームページに掲載されました。それをプリントして，全体の校正作業に入りました。

　校正は，UEA の元職員で校正のプロであるロベルト・ムルベーク（Robert Moerbeek)さんにもお願いしました。

　横浜大会に合わせて出版することに決めて，編集と印刷は中国が担当しました。

　さて，今後はその販売①です。しかし，販売以上に大切なことは，歴史認識を深め広げることです。とりわけ日本では，広島・

---

① 同書は，間もなく売り切れ，絶版。

民際活動を考える

長崎，東京大空襲など戦争の被害についてはよく語られ，教育されていますが，アジア諸国への加害の歴史について教え・学ぶ視点に欠けています。この共通史によって，より客観的に被害・加害の歴史を学ぶことが出来ます。そのために，歴史とエスペラントの学習を兼ねて，勉強会を開くことなどを計画しています。

2000年4月号

# ユネスコとエスペラント運動

江川治邦

　ユネスコの提唱を受けて，国連は2000年を「平和の文化国際年」と定めました。20世紀に２度の世界大戦を経験した私たちには，21世紀を戦争と暴力の「文化」から平和と非暴力の文化創造に転換するものにしたいという願いがあります。そして2000年は，そのための努力を積み重ねることが人類の課題であると宣言された年であるといえます。

　ユネスコ憲章の前文には「戦争は人の心の中に生まれるものであるから，人の心の中に平和のとりでを築かなければならない」とあります。「心」とは何を意味するものでしょうか。昨年放映されたNHK朝の連続テレビ小説「すずらん」の中に，北海道の明日萌駅[1]で，戦地に赴く兵士が見送りの家族や町内会の人たちに向かって，「皆さんに恥じることなく，祖国を守るために勇猛果敢に戦ってきます」と言って車中に消えていく光景がありました。ところが，その出征の前夜，仏壇を前にして父はその息子に「お前だけは，どんなことがあっても生きて帰ってきてほしい」と言います。父母がわが子に向けたこの言葉は，当時のフランスやドイツでも，韓国や中国でも同じであったろうと思います。人間の本質に根ざす自然の感情といえます。東洋人はこれを「惻隠（そくいん）の情」といい，アダム・スミスは「共感」と名づけました。人種，肌の色，言葉が違っても，人間同士が殺し合い，傷つけ合ってはいけないのだという「思い」がユネスコの「心」であり，この「思い」とともに，市民同士が国境を越えて連帯することが，「人の心の中に平和のとりでを築いていく」作業（活動）ではないかと思います。

　また同じ前文には「永続する真の平和を達成するために，利害や諸情勢に左右されない知的精神的連帯が必要」とあります。こ

---

① あしもい：ドラマの架空の駅

137

れはどういうことなのでしょうか。

　和歌山が生んだ博物・民俗学者で粘菌の研究で知られる南方熊楠[1]は，1909年から10年間にわたり，国家の神社合祀（ごうし）令[2]に反対する運動を起こします。これは，町や村に複数ある神社を，町や村ごとにひとつにまとめるという政府令です。熊楠は，神社を壊すことでネイティブな村人たちの宗教心が衰え，土地の文化遺産が失われることや，神社の森を伐採することで生態系がくずれることを指摘して反対の行動を起こしました。しかし，この運動が功を奏さないため，彼は海外の友人たちに，エコロジーの認識で問題提起をしようとします。これに対して日本の友人たちは「国際問題にまでする必要がない」といってやめさせようとします。彼らのいう「国際」とは，「国家と国家の関係，すなわち，官による外交しかない」という考え方です。これに対し熊楠は，「国には中央と周辺があり，国々の周辺同士の市民が人類共通の課題で国境を超えて話し合い，連帯して何が悪い」という考えです。

　私たちエスペランティストのいう民際交流と同じです。熊楠は，神社の森の生態系が，植物同士の相互関係だけではなく，人間と植物の共生にもかかわっていると指摘しました。熊楠こそエコロジーをはじめて公害反対運動の理論としてとらえ，それを地球市民の連帯の中で貫徹しようとした，最初の日本人でした。私は，こういう営みこそが知的精神的連帯だと思います。

　創造とは異質なものの出会いによって，新しい理論・思想・作品をつくり出すことです。そしてユネスコのいう「平和の文化」創造とは，まさしく，民族を超えた人類共通の文化（国際文化），あるいは平和共存の文化の創出を指しているといえます。

---

[1] みなかた・くまぐす（1867-1941）。戸西葉子・文，松下千恵・絵，江川治邦Ｅ訳 "MINAKATA Kumagusu"（わかやま絵本の会，1999）参照。

[2] 「神道」を宗教ではなく「国家の宗祀」であるとして「国家神道」化した明治政府の「一町村一神社」方針に基づき，集落に存在した鎮守の社の統廃合が進められ，全国の約20万社のうちの約7万社が取り壊された。

このプロセスの中では，平等なコミュニケーションの手段として，言葉の問題を避けて通ることはできません。とくに地方周辺地域では言葉の障壁のために海外との文化交流ができないグループを散見します。こんなとき，私たちは彼らに協力して，UEAの都市代表者（delegito）のネットにのせて，その交流を支援していくことができます。それは，私たちの運動に幅を持たせ，その運動を地域社会に見えるものに発展させることにつながると思います。

社会的関心から生まれたエスペラントは，その当初から平和の文化創造活動でした。そして国際交流が多様化した現在，私たちは地域に貢献できる課題を探し，私たちの運動を，市民に顔の見える形に展開することを忘れてはならないでしょう。そういう時代がきていると思います。

2002年9月号

# 私の場合の文化交流

蒲 豊彦

　私は,「グローバル化」であれ,「エスペラント」であれ, それが自分自身にとってどんな意味があるのか, という点に興味があります。そこで, 道具としてのエスペラントを使って私自身が今まで何をやってきたか, そしてこれから何をやってみたいかということを,「グローバル化」の問題も少しからめながら以下に紹介してみます。

　まず, これまでやってきたことは, 外国のエスペランティストとの, 電子メールや手紙のちょっとしたやりとりと, そして, ハノイのアジア・エスペラント大会やネパールの Himalaja Renkontiĝo[①], 日本国内の各種大会に参加したことです。ハノイやネパールの旅行はすごく印象深いものでした。しかし, これについてはこれだけにします。

　次に, いま, 途中までやりかけていることについてですが, これは私の仕事と関係があります。私は中国語の教師と, そして中国の近現代史の研究を仕事としています。そして, 中国南部のある地域の歴史を調べているのですが, 2年ほど前に中国のエスペランティストの名簿を手に入れ, 私が調べているその地域にもエスペランティストがいることが分かりました。そこで, その人と連絡を取り, その地方の地域史研究者を紹介してもらえることになりました。

　さて最後に, エスペラントを道具として使って, これからやってみたいことについてです。これが,「グローバル化」の問題に少し関係してきます。私は, 今のこの世の中がどのような仕組みになってるのか, とくに日常生活では見えない部分に, たいへん興味があります。たとえば「あんパン」という物がありますが,

---

① ネパールで, 観光を兼ねて, ほぼ隔年開催されているエスペランチストの交流行事。

民際活動を考える

以前，このあんパンの原料がどこから来ているのか，ちょっと調べてみたことがあります。

その結果，小麦はアメリカ西部の穀倉地帯から，小豆はおそらく中国の天津から，砂糖はオーストラリアやタイあたりから来ることがわかりました。ほぼ100パーセント，外国の原料を使っているようです。つまり，あんパンのなかには，小豆のあんがつまっているだけでなく，世界から食料を調達しているという，日本の社会のありようそのものがつまっているということです。

さらに現在，世界中から原料を調達するだけなく，製品を世界中に売って，世界的な規模の活動をしている会社がたくさんあります。「グローバル化」を象徴するような企業です。こうした会社は，安くて便利なものを私たちに提供してくれるのですが，能率のよさとか経済性とかを追求するあまり，環境の破壊とか，健全な産業構造を壊すような方向に向いているとか，深刻な問題をもっていることが指摘されています。でもそうした側面は，私たちの眼には普通は見えません。私たちが見えるのは，便利な部分だけです。

世の中のいろいろな問題を考えるとき，実際に何が起こっているのか，その具体的な状況をまず知っておくことが，なんによらず大切だろうと思います。ところが人間の経済的な活動が複雑になり，そしてなにより世界的な規模になってきているため，たとえば，私たちがあんパンを食べるとき，本当のところ一体何を食べているのかは，わざわざ調べて見なければ分からない，ということになってしまっています。

そこで普通は，マスコミとか，それぞれの分野の専門家にお世話になる訳ですが，考えて見ますと，エスペラント界はすでに独自の世界的なネットワークを持っています。たとえば，delegitoと呼ばれる，それぞれの町の代表者のネットワークがそのひとつです。西側の世界に偏っているとか，北半球に偏っているといったことはありますが，エスペラント界は，世界的な規模で進展している問題に対応するための，非常にいい条件をすでに備えているといえます。もし今，私がもう一度あんパンのことを調べるとしたら，迷わず天津のエスペランティストに連絡し，協力を求めるでしょう。

民際活動を考える

　このネットワークを有効に使い, 片方だけが便宜を得るのではなくどちらの側にとっても有益な, たとえばエスペラントを公用語とする NGO などがあってもいいのではないかと考えています。

2009年9月号

## フランス語なしのフランス民際旅行

忍岡妙子

　退職をしたらエスペラントならではの長期旅行をと考えていました。3月末で定年退職。行先はフランスに決めました。
　広島市立向洋新町小学校在職中，同校のエスペラントクラブとフランスのヴェンデー県にある小学校との交流があり，先方の小学校が夏休みに入る前に訪ねてみたかったのです。交流の仲介をしてくれていた友人のクリスティーヌから「日程を作るから，期間と行きたい所を知らせて」とのうれしい申し出に，早速，(1)旅の期間は5月12日から6月6日まで，(2)目的は交流先の小学校訪問・フランスのエスペランチストとの交流・バスク地方を巡ること，と知らせました。
　クリスティーヌの手配で受け入れてくれるエスペランチストのネットワークがはりめぐらされました。おかげで，旅行中はエスペラントで厳重に梱包され，安全かつ確実に受け渡しをしてもらいました。しかし，パリに着いて早々に，大西洋側方面への列車に乗るためモンパルナス駅までバスを利用しましたが，渋滞に巻き込まれて予定の列車に遅れてしまい，鉄道の利用と携帯電話を使っての連絡の仕方を早速実習することになり，少々あわてました。
　交流のために (1)『ヒロシマの旅』[1]，(2)「原爆の火」[2]の絵本，(3) 昔話「つるの恩返し」，(4) S-ro Papero[3] を準備することにしました。(1)(2)(3) についてはそれぞれの写真とエスペ

---

[1] "Vojaĝo en Hirosima"（広島エスペラントセンター，2007）

[2] 広島で被爆した兵士が原爆の被災地の火をカイロに入れて持ち帰り保管し続けたもの。現在も福岡県八女郡星野村（現・八女市）の「平和の塔」で「平和の火」として燃え続けている。

[3] 1枚の新聞紙を使った折り紙遊び「ペーパーさん」のエスペラント版（LM2010年1月号参照）

ラントのテキストを USB メモリーに入れて持参しました。お茶の野点セットと和菓子も準備し，スーツケースは，はちきれんばかりでした。

　ヴェンデー県では，まず交流先の小学校を訪問しました。前日に交流の世話をしてくれていたルセットとクリスティーヌ，先方のサラ先生とで，私の手料理のちらし寿司で会食をしてすっかり打ち解け，女 4 人向かうところ敵なしといった盛り上がりで小学校に向かいました。学校では子どもたちがこれまでの交流資料や歓迎カードを教室に飾って迎えてくれました。前もってサラ先生から送られていた子どもたちの質問リストに答え，「つるの恩返し」の語り聞かせと一緒に新聞紙を折りながらの S-ro Papero。クラスの子どもたち全員がそれぞれ得意のケーキを焼いて持ち寄りのパーティ，そして合唱をプレゼントしてくれました。地元紙の記者が取材に来て，後でルセットがその記事の切り抜きを送ってくれました。

　ヴェンデー県では，この他に，地元エスペランチストとの会食（ヒロシマと国際女性デーのメッセージ交流の紹介と S-ro Papero）や30人規模でのピクニック，そしてクリスティーヌの娘が通う小学校では日本紹介の授業（ここでも S-ro Papero）をさせてもらいました。

　ポワティエでは，15人ほどの地元エスペランチストとの交流ピクニックが準備され，S-ro Papero と野点を楽しんでもらいました。

　アンゴレムでは，友人マリー・フランスの家に泊めてもらい，近くの小学校の 5 年生の近現代史の授業で戦争に関連してヒロシマを語らせてもらう機会がありました。また折しもエスペランチストの葬儀に参列し，家族や司祭が，故人にとってエスペラントがいかに大切な存在であったかを語る場に居合わせることができました。マリーの講習生には「原爆の火」を語りました。

　ボルドー近郊の村では，エスペランチストが中心になって「村とエスペラントの発見ラリー」をしていました。村人30人が参加して村の事物を再発見し，ゲームをし，エスペラントを学びながら 1 日ウォーキングを楽しみました。私も，そのまとめの会でヒロシマの紹介と S-ro Papero で生きたエスペラントを示しまし

民際活動を考える

た。
　ポーでは，エスペランチストの世話でバスク地方の風物・料理・音楽を満喫し，スペイン側で買い物をしました。また，「環境問題とエスペラント」の講演会でエスペラントをアピールできました。
　さらに，トゥールーズ，トゥール，パリと……行く先々でエスペランチストが出迎え案内をしてくれ，エスペラントだけでフランスを旅することができました。

2010年2月号

# 聞いて触って踊ったポーランド
## － 盲人エスペランチストとともに －

### 岡部明海

　クラクフの中心街を歩いているとき，片岡忠さんが「今鐘が鳴ったけれど，路面電車かな？」と言いました。手引きをしていた僕は，周りの景色を見るのに夢中で，その音が聞こえたかどうかも曖昧でした。後ろを振り返ってようやく路面電車を見つけ，「あぁそうですね，路面電車です。」とこたえました。「見る」ことばかりに集中していて，「聞く」ことに注意を払っていないと感じた瞬間でした。

　今回私は，初めて盲人の片岡忠さん・新城重之さん・田邊邦夫さんの付き添いとして，国際盲人エスペラント大会（IKBE）[1]と世界エスペラント大会（UK）に参加する機会に恵まれました。エスペラントの世界を見たいと思ってポーランドを訪れましたが，エスペラント以外にも多彩な世界に触れることができました。

　たとえばビャウィストクでは，特徴的な声で鳴く黒と灰色の小さい鳥をよく見かけました。新城さんは鳥の声が大変好きだそうで，「あの鳥はどんな鳥？　名前は何だろう？」，「携帯で写真を撮っといて。日本に帰ったら調べるから」と言っていました。私にとっては，何てことのなかった鳥の鳴き声。でも新城さんの「聞く」世界では，それがとても際立っているのだと感じました。

　また，遠足で工房を訪ねた際，新城さんは木の切れ端から斧と特殊な形のナイフで瞬く間に削りあげられたスプーンを触って，

---

[1] IKBE（Internacia Kongreso de Blindaj Esperantistoj）の第75回大会は，2009年7月18日～25日，ポーランドのムシナ（Muszyna）で開催され，視覚障がい者約65人と支援者を合わせた約100人，日本からは視覚障がい者4人と同伴者2人。その直後のビャウィストクで開かれた第94回世界エスペラント大会にも視覚障がい者4人（うち3人はIKBEから）が参加した。

「これは素晴らしい！」と感動されていました。確かにその白樺のスプーンは羽毛のように肌触りが良かったけれど，あまりの新城さんの感嘆ぶりに，「触る」ことで感じられることの大きさに気付かされました。それからというもの，いろんな物に触っては，文字通り「肌」で感じたいと思うようになりました。

ところで，「嗅ぐ」世界に生きている犬。田邊さんの盲導犬マイキーとは，IKBE で一週間寝食を共にし，そばで「彼」の仕事ぶりを見てきました。それだけに，はじめは断られたヴィエリチカ岩塩坑跡に入場が許可された時はうれしく思いました。彼は慣れない鉱山の中でも立派に仕事を務め，何も問題を起こしませんでした。係の人たちにもほめられ，「マイキーは歴史を作ったね」と言われました。マイキーは世界遺産ヴィエリチカに入った初めての犬になったのです。

エスペラントに話を移すと，今回の世界大会は私にとって初めてで，世界でエスペラントがどのように使われているのか気になっていました。UK で残念に思ったのは，せっかくエスペラントばかりの環境に浸っているにもかかわらず，会場の売店で食べ物を買う際には，英語を使わなければならなかったということです。エスペラントの現実を突きつけられた気がしました。でも，最初まったくエスペラントが分からなかった売店の店員が，大会後半になると「ひとつ」や「ありがとう」など，簡単なエスペラントをしゃべるようになっていて，希望を感じました。

最後に，盲人大会でバーベキューをした夜のこと。テーブルの上に載っているのは肉や魚，100種類以上も調理法があると言われるジャガイモ料理。ポーランドの音楽を聞きながら，晴眼者も盲人も関係なく踊るヨーロッパの人たち。私もイタリアの盲人のダニエラさんと一緒に踊りました。天の川が見える空の下，世界中から集まった人たちと一緒にいることが不思議で，幸せな気持ちになりました。

いろんな人と出会い，いろんな世界に触れられた今回のポーランド旅行。エスペラントがくれた贈り物です。ドヴィゼッニャ（ポーランド語で Ĝis revido また会いましょう）！

言語を考える

# ＜第7部　言語を考える＞

2006年3月号

## "Fundamento de Esperanto" の100年

### 川西徹郎

　"Fundamento de Esperanto"（エスペラントの基礎）が制定されてから1世紀が過ぎた。

　1905年，フランスのブローニュ・シュル・メールで第1回世界エスペラント大会が22か国688名の参加で開催された。その際ザメンホフの提案で5項目からなる"Deklaracio pri la esenco de la Esperantismo"（エスペラント主義の本質についての宣言）が採択され，その4項目に「エスペラントの基礎」を制定することが明文化された。

　『エスペラントの基礎』はザメンホフの Antaŭparolo（序文），Fundamenta Gramatiko de la lingvo Esperanto en kvin lingvoj（5か国語で書かれた基礎文法），Ekzercaro de la lingvo internacia Esperanto（練習文集），Universala Vortaro de la lingvo internacia Esperanto（万国辞典）から成り立っている。

　「基礎文法」は1887年に最初にロシア語で，続いてポーランド語，フランス語，ドイツ語，英語の5か国語で出版されたあの有名な16か条の文法である。

　「練習文集」は1894年に出版された42章からなるもので，発音，アクセント，例文，それに童話"La Feino"から構成されている。例文と童話には，各章毎に5か国語による単語説明がある。なお，ザメンホフが編集した模範文集"Fundamenta Krestomatio"には，31章からなる"Ekzercoj"[①]があるが，それは，これから例文だけを抜き出したもの。そこでは，「基礎文法」だけでは説明不足な，冠詞 la，前置詞 da，je，分詞，造語法，相関詞

---

① "Ekzercoj de Zamenhof"『ザメンホフのエスペラント基礎文例集』（JELK，2015）は"Ekzercoj"の例文と"La Feino"を収録。

148

などの説明がされている。

「万国辞典」は1893年に2630語，5か国語の訳で出版された
ものである（1887年の『第一書』初版の単語表は917語）。

「基礎」の特徴は「大会宣言」にも，「序文」にも繰り返し書
かれているように「不可侵性」にある。たとえ創案者であるザ
メンホフといえども「基礎」の内容に手を加える事は一切許されず，
また「万国辞典」のその後明らかとなった訳（特に英語）の間違
いなども訂正を許さず，そのまま「不可侵」とする徹底ぶりであ
った。ザメンホフによればその誤りを訂正すること自体が「修正
につながる行為」であり，誤訳も他の言語による訳で正しく理解
されうる，という判断であった。唯一訂正されたのは，明らかな
誤植のみであった。

「基礎」を制定する事は，エスペラントの言語的な発展を画一
化し阻害するものではなく，ザメンホフをも含めた個人による気
ままな言語の引き回しからエスペラントを守ることであった。

もしある優れた文筆家が「基礎」とは違う言い回しをしたとし
ても，それは規範になるものではなく，あくまでも私的な参考と
しての表現である。「基礎」は，それが公的な表現方法ではない
ということを読者に明示する役割をもっている。エスペラントの
自由な発展は乱雑な発展とは違い，中心軸を継承し，それを太め
る発展であること，そして「基礎」を座右の書にすることを，す
べてのエスペランチストに訴えている。

1905年は，エスペラント史上重要な年であった。

エスペラントは，世界大会を通じてザメンホフが望んだように，
目で見る言語から口で話し耳で聞く言語に変身を遂げた。さらに
自由に発展する可能性を得たその時に，「基礎」はあらためて確
認すべき指針を与えたのである。時あたかも Ido（イード語）[1] に

---

[1] 「イード語」は，その名 Ido が示すように，エスペラントの改良と
して提案されたものであった。主な点は，字上符文字と対格を廃し，
合成語よりもラテン系の言語に基づく新語を中心にして，より民族言
語に近づけるというものであった。そのため，エスペランチストの一
部のエリートはそれに移ったが，多くの大衆的なエスペランチストは，
エスペラントへの支持を続けた。

言語を考える

よる運動の分裂が進行していた。しかし，1907年にその分裂が公然化したとき，幸いにも「基礎」を持っているエスペラント界には深刻な動揺は起きなかった。一方，イード語はその後も改訂に改訂を重ね，自らの中心軸を失っていったのである。

　1906年に二葉亭四迷が『世界語』①に続けて，東京彩雲閣から出した『世界語読本』は，この「基礎」の「練習文集」の訳述であり，「エスペラントの基礎」は日本でのエスペラントの発展にも大きな役割を果たした。

　有名なハンガリーのカロチャイ②とバギー③も一時，イード語を研究しているが，カロチャイがそれによってエスペラントの造語法のすばらしさをかえって再認識したように，エスペラントの今日あるのは，「基礎」によって守られたエスペラントの言語としての優位性が根本にあることは間違いがない。

----

① ザメンホフ著のロシア語による学習書の翻訳。詳細は，"Japana Esearo N-ro 3" (Libroteko Tokio, 2003) 所載の"La unua libro por japanoj"参照。
② K.Kalocsay (1891-1976) ハンガリーのエスペラント詩人。
③ J.Baghy (1891-1967) ハンガリーのエスペラント詩人。

言語を考える

1988年2月号

## Ambaǔ estas bonaj の思想
### "Lingvaj Respondoj" に見る

**松本 清**

A君，お手紙ありがとう。休み中の宿題として読むように勧めたザメンホフの "Lingvaj Respondoj" についておたずねでしたので，今日はこの本のことを少し書きます。

私がこの本を初めて読んだのは，もう三十数年前のことです。当時，私はエスペラントを学び始めて1～2年でしたが，大学のエスペラント部の文庫にこの本があったのを見つけて，冬休みだったか春休みだったかに借りて帰って，辞書を片手に何日かかかって読んだのでした。

ところで，ザメンホフの "Lingvaj Respondoj" と言い，「この本」と言いましたが，実は，ザメンホフは "Lingvaj Respondoj" という名の本を書いた訳ではなく，彼が *La Esperantisto*[①]や *La Revuo*[②]や *Oficiala Gazeto Esperantista*[③]や，その他の誌上で，読者からの質問に答える形で書いた Respondoj を集めたものなのです。初めて冊子として出版されたのは1910年のことですが，それ以後編者や出版社を変わりながら，雑誌以外の資料からも採録したりして増補版が次々出版されました（これらの書誌学的な説明は，現行版の序言に詳しく書かれています）。

いま私がひろげているのは，1962年 Waringhien 編の第6版ですが（大学[④]の図書館に指定図書として数冊置いて貰っている

---

① ザメンホフが編集したエスペラント運動の最初の専門誌（1889-95）
② ザメンホフの監修で，フランスの出版社Hachette（アシェット）から刊行されたエスペラントの文芸誌（1906-14）
③ Esperantista Centra Oficejo（パリ）の機関誌（1908-22）
④ 神戸市外国語大学。松本清は，執筆当時，同大学のエスペラント講座講師（1977-98）。同大学の図書館には貫名美隆 事典 によるエスペラントの蔵書がある。

151

のもこの版です），私が初めて読んだ時にはまだこの版は出ていなかったわけですから，私が学生時代に読んだのは多分戦前の最後の版だった1936年の Esperantista Centra Librejo 版の第3版だったのでしょう。①

　当時の私がこの本を読もうとしたのは，いま述べたようにこの本が編さん物なので1編があまり長くないし（短いものは3〜4行，長いものでも2ページぐらい），どこからでも拾い読みができるので取り組みやすいように思ったのと，学び始めでいろいろ具体的な疑問点にぶつかっていたのでその解答を求めてということからでした。（今回あなた方に読むことを勧めたのも，同様の理由からです）。

　ところで，読み進むうちに当時の私は何となく物足りなさを感じたのでした。それは，例えば，panjo の発音について「他の多くの言語と同様 j はその前の音をやわらげるのでパーニョとなってよいが，理論的にはパンヨでもよいので，パーニョの発音だけが正しいとするべきではない」(N-ro 71) と書いているように，Aでもよいし，Bでもよい，というようなザメンホフの答え方が歯切れの悪さとして感じられ，スッキリしなかったからでした。

　しかし，その後エスペラントの学習を続けるうちに，この一見歯切れ悪く見える考え方の中にこそエスペラントの基本があるのだと痛感するようになったのです。

　エスペラントは人工国際語です。いろんな言語を母語とするさまざまな人びとが学んで自分のものとしなければなりません。共通の基盤としての規則は確固たらねばなりませんが，一方，生きた言語として育っていく余地を残して置かなければ立ち枯れになってしまうでしょう。ザメンホフはこの難しい問題に対する基本的な姿勢をその回答の中に示してくれていると思うのです。そして，私たちはこの基本的姿勢をこそ堅持して行かねばならないと思います。

　N-ro 9 では，彼はこう書いています。

　... Ĝenerale mi devas ripeti ĉi tie tion, kion mi jam

---

① 最新版は，PVZのG.Waringhien編"lingvaj respondoj de ludoviko"
　(ludovikito, 1990)

言語を考える

kelkajn fojojn esprimis ĉe aliaj okazoj: mi ne devas peni, ke nia lingvo estu **tro** preciza, ĉar tiam ni nin mem nur katenus kaj ofte, por esprimi plej simplan ideon, ni devus uzi vorton deksilaban; ĉiufoje, kiam ni sen timo de mal-kompreniĝo povas doni al la uzanto liberecon, ni devas tion ĉi fari kaj permesi al li uzi laŭvole **diversajn** formojn (se ili nur ne estas kontraŭ la leĝoj de nia lingvo aŭ kontraŭ la logiko aŭ komprenebleco), anstataŭ postuli ke li nepre uzu ĉiam **nur unu** formon. ...

また，N-ro12 では

... **ambaŭ** frazoj estas tute regulaj kaj ambaŭ estas tute klaraj, − kial do ni devas demandi nin, kiu el la diritaj frazoj estas la sole bona? ...

基本16か条に反せず，明瞭で誤解の恐れがなければ，いたずらにあるひとつの形・表現のみを正しいとして押し付けるのではなく，**ambaŭ estas bonaj** とすべきだ，というこの基本原則は忘れてはならない大切なことだと思います。

エスペラントも百年の歴史のなかで発展し，深まってきましたが，だからといって，今ではこう言うのが一般的だということから直ちにそれ以外の言い方は間違いだと短絡的に決め付けるのは，厳に慎むべきことでしょう。

さらに，N-ro13 では

... Ne sole en naturaj lingvoj, sed ankaŭ en lingvo artefarita ĉio, kio estas uzata de la plimulto da bonaj verkistoj, devas esti rigardata kiel bona, se ĝi eĉ ne estas absolute logika; (...) Tamen la diferenco inter lingvo natura kaj lingvo artefarita konsistas en tio, ke dum en la unua oni devas uzi **nur** tiujn formojn, kiujn uzas bonaj verkistoj, kaj uzado de formo pli logika estas **malpermesata**, − en lingvo artefarita ĉiu havas la rajton uzi formon pli logikan, kvankam neniu ĝis nun ĝin uzis, kaj li povas esti kon-vinkita, ke, se lia formo estas efektive bona, ĝi baldaŭ trovos multajn imitantojn kaj iom post iom elpuŝos la malpli logikan, kvankam ĝis nun pli uzatan, formon mal-novan.

とも書かれています。

153

言語を考える

　つい引用が長くなってしまいましたが, とにかくあなた自身で是非読んで下さい。個々の疑問点についての解明もさりながら, エスペラントを生きた言語として今日まで育ち続けさせた基本的な考え方も汲み取って貰えればありがたいと思います。頑張ってください。ではまた新学期に。

1994年3月号

# エスペラントの長所とは何か？

## 松田克進

　国際補助語エスペラントは，悲しいかな，平等ではない。なぜなら，エスペラントの単語を覚えることは，ヨーロッパ語に通じていない人間にとっては,たいへんな労力を要するからである。

　なるほど，エスペラントの文法は簡単かもしれない。だが，言語を習得するさいの最大の問題は，文法よりも単語であろう。ザメンホフ自身，それを認めている（"Esperanto kaj Volapük"；OV, p.271)。そして，エスペラントのほとんどの単語はヨーロッパ語起源である。ゆえに，エスペラントは，ヨーロッパ人にとっては「遊びながら習得できるほど簡単」（"Unua Libro"；OV, p.20) な言語かもしれないが，ヨーロッパ語に通じていない人間にとっては，けっしてそうではない。細川氏が数年かかって達する習得度に，ミッテラン氏は数カ月で達しえよう。

　それでは，エスペラントの長所とは何か。

　いま述べたように，エスペラントは平等ではない。しかし，すくなくとも，エスペラントは，イギリス語よりも平等である。中国語よりも平等である。日本語よりも平等である。ラテン語よりも平等である。つまり，エスペラントは，その人工性および合理的造語法ゆえに，（おそらく）あらゆる自然言語よりも平等なのである。私は，エスペラントの長所は，この相対的平等性にあると思う。

　相対的に平等だ，ということは，絶対的にはあくまでも不平等である，ということと，矛盾しない。エスペラントはまさしくそういう位置にある。これは，エスペラントを多少とも知る者にとってはあたりまえのことだろうが，重要なことである。

　エスペラントの長所は，その相対的平等性にある，ということを確認すれば，すくなくとも次の三点が十分明らかになると思う。

　第一に，ヨーロッパ語に通じていないエスペラント学習者は，きわめて大きなハンディを背負っている。そのハンディゆえに上

155

達の遅い学習者を,「永遠の初心者 (eterna komencanto)」などと呼ぶことは,筋違いも甚だしい。もちろん,このハンディを不勉強の言い訳にすれば,それはまた別の筋違いになるであろうが。

　第二に,エスペラント学習者の全員が,いわゆるペラペラになれなくても,そのこと自体は,エスペラントの存在理由を何ら傷つけるものではない。エスペラントの存在理由は,イギリス語やラテン語等との比較対照のなかで確認されうるものなのである。

　第三に,もしエスペラントの相対的平等性がその合理的造語法に多くを負っているのならば,エスペラントの造語法を軽んじニュアンス豊富な新語をやたら導入することは,エスペラントの存在理由そのものを傷つける行為である。

　人間は,身に覚えのない苦痛(不条理な苦痛)を背負うべきではない。これが平等思想の根本だと私は思う。その点からすると,エスペラントといえども,悲しいかな,決して理想的なものではない。

　エスペラントの長所,それは,その相対的平等性にある。

言語を考える

1995年2月号

# エスペラントの単語力とは何か？

## 松田克進

　エスペラントは，単語の面ではあきらかにヨーロッパ的な言語
である。したがって，たとえばフランス人は日本人よりも，簡単
に単語数を増やすことができる。これは大きな不平等である。エ
スペラントは国際語として理想的なものでは決してないわけだ。
　むろん，エスペラントは不規則性のすくない言語であり，また，
特定の民族・国家に属するわけでもない。英語・フランス語・ス
ペイン語・中国語に比べれば，国際語としては，はるかに適して
いる。しかし，さきほど述べた意味での不平等は事実である。や
はりエスペラントは次善の策とみなすべきだろう。
　さて，日本人のエスペランティストに話を限定して考えたい。
わたしはこう思う。彼らのなかでも，うえで見たのと同様の不平
等がある，と。つまりこうだ。日本人にもフランス語や英語の得
意なひとと，そうでないひとがいる。得意なひとはエスペラント
の単語数がドンドン増える。不得意なひとは単語を覚えるのにた
いへん苦労をせざるをえない。この違いの本質は，頭脳や努力の
差にあるのではない！　単に，フランス語や英語の予備知識の有
無の問題にすぎない。中国語やアイヌ語の知識は，この点では役
に立たない。なんたる不公平！
　このような問題がエスペラントに内在している，ということを
日本人エスペランティストは忘れないほうがいい，と思う。そし
て，欧米人にはすぐに記憶できるが，非欧米人には記憶しにくい
単語に，一種の「いやらしさ」を感じ続けるべきだ，と思う。
　では，国際語エスペラントの単語力とは，いったい何か。わた
しの考えは，こうだ。エスペラントの単語力とは，「いやらしい」
単語をなるべくつかわず，基本的な単語をできるだけ活用する技
術である。具体的にいえば，いわゆる公用語だけでどれだけ表現
できるか，という問題である。
　むろん，こういう議論には，翻訳にかかわる難しい問題がから

む。また，単語の多様性は文化の豊かさと密接に関係する。しかし，基本線は変わらない，と思う。「いやらしい」単語の知識は，エスペランティストにとって，本質的な能力を意味しない。したがって，それほど誇るべきものでもないのである。

言語を考える

1997年5月号

# vortojn, vortojn, vortojn

染川隆俊

*LaMovado* を読むたのしみがまたひとつ増えた。1月号からはじまった辰巳博さんの連載記事「新単語アラカルト」がおもしろい。「Unua-etaĝo と Ter-etaĝo」,「Unua tago と Unua horo」,「Miliardo と Biliono」,「Miliono と Milion」とつづいて, つぎはどんな話題が登場するのだろうか。

　文化的背景が異なれば認識の仕方も異なる。知っているようでいてほんとはよく知らないこと, つきつめて考えることをせずに「まあなんとなく」わかったような気になっていることがいかに多いことかと読む度に新しい発見がある。

　いま「プラハ宣言」[1]の署名活動のとりくみがつづいている (UEA の *Esperanto* 誌4月号によると6000を超える署名がすでに集まっているという)。これからのエスペラント運動の方向を指し示し,「ブローニュ宣言」以来の歴史的文書になると思われるこの「宣言」を日本語訳する機会に恵まれた(拙訳は *LM* 1996年9月号に所載)。

　エスペラントの理解力, 読解力の不十分さをとりあえずたなあげしていうのだが, この「宣言」はなんとも日本語になりにくい文章で, ずいぶんとあたまをなやませた。まだ読んでないやというひとはもちろん, 署名しちまったというひとも原文でじっくり読むことをおすすめする。入り組んだ文章もあるけれど, なかなかいいでしょう? くりかえされる "Ni asertas" と "Ni estas movado!" のフレーズも効果的である (ぜひ音読してください)。

　ところがこれをいざ日本語にするとなると……。できあがった訳文はぎくしゃくとした, 日本語になりきらない文章で汗顔のいたりである。拙訳はあくまでも「試訳」であり, その後日本エス

---

[1] Manifesto de Prago: Deklaro pri esperantismo prezentita en la 81-a UK de Esperanto 1996 en Prago

ペラント学会による「決定訳」が発表されている。だからもう役目は終わっているのだが、いまだによくわからず、はたしてこの訳語でよかったのだろうかと思う語句がいくつかある。そのひとつが"nacio"である。

「宣言」には "nacia(j) registaro(j)" という語句が1か所、"nacia(j) lingvo(j)" という語句が2か所登場する。

さてあなたはこの "nacia" をどう訳しますか？

辞典でみると、"nacio" はまず「国民」とあり「民族」ともある。"nacia" はというと「国民の」「民族の」「国立の」「全国の」とある（『新選エス和辞典』）。この訳語を見た途端に、わたしたちはどうしても訳語の日本語で考えがちである。「ああ、国民ね」「民族ってこともあるらしいぜ」。訳語がひとり歩きをはじめて、「まあなんとなく」わかったような気になってしまうのである。

「国家」といい、「民族」といい、いずれも人びととの結びつき・集団をあらわすことばだが歴史的な規定性をつよく帯びている。「日本」や「主義」と結びつけると「日本民族」とか「国家主義」とかにみられるようにかなりイデオロギッシュなひびきをもつことばとして受けとめられる。

世界各地でいわゆる「民族紛争」のあらしが吹き荒れている。社会状況は異なるが、なぜ人びとはこんなにも憎しみあわねばならないのかとザメンホフがなげいた状況がいまなおつづいている。「宣言」の起草者もこのような世界の現況を念頭においていたはずである。

あれこれ迷った末に、"nacia(j) registaro(j)" には「国家政府」、"nacia(j) lingvo(j)" には「民族語」の訳語をあてた。同じ「民族語」の訳語をあてたものに "etna(j) lingvo(j)" という語句もある。

「国家」「民族」「人種」「民衆」「国民」「人民」これらの人びととの結びつき・集団をあらわすことばにどのエスペラントのことばをあてはめますか？　"nacio", "regno", "ŝtato", "homo", "popolo", "raso", "gento", "etno" それぞれにどの日本語のことばをあてはめますか？

オランダを旅したときのこと、エスペランティストの家に泊めてもらった。近くを案内してやろうということになり自転車であちこちをうろついた。

北海に面した堤防から眺めると海水面よりはるかに低い土地が広がっている。国土の4分の1が水面下ということが実感された。牧草地では牛が草を食（は）んでいる。これは "bovo"，あれは "bovino" と道案内の彼女が指さす。ごく自然に，というよりはおそらくなんの意識もなく，なにが不思議なのという表情で彼女はしっかりと雌雄の区別をしている！

　同じ牛をみてもこんなにも認識が違うのだなと感心することしきりで忘れがたい一日となった。

　エスペラントは母語を異にする人びとの間の対等なコミュニケーションのための言語である。辞書や文法書の大切さはいまさらいうまでもない。毎日お世話になっているし，これからもそうだろう。正確な知識を身につけたい。と同時に，単にどう訳すのかという以前に，なぜこの表現になっているのかをその表現自身の中で考えたいと思う。ことばに対する認識を深めていくとき，エスペラントがほんとうの意味でのコミュニケーションのための言語となるのだと思う。

1984年5月号

## オーウェルの『1984年』とエスペラント

### タニ ヒロユキ

　「若い頃，一つにはフランス語をよくしようと思ってパリに行ったが，最初の下宿は出なければならなかった。主人もその妻もエスペラント語しか話さなかったからだ ― あれは単なる言語ではなくて一つのイデオロギーだ」①

　これは，小説『1984年』②の作者オーウェル③が晩年，友人のひとりに語った言葉である。

　オーウェルとその代表作『1984年』については，去年あたりから一種のブームで，雑誌が特集を組んだりしている。

　"Kontakto" n-ro 82 も，"Granda Frato rigardas vin"④の挿絵をちりばめて，『1984年』をテーマに取りあげている。

　『1984年』とエスペラントといえばすぐに取り出されるのは，『1984年』のオセアニア国の公用語である計画言語 Newspeak とエスペラントとの関係だろう。

　これについては，Giorgio Silfer がそのA語彙とエスペラントとの比較を試み⑤，田中克彦もこれにふれている⑥。

---

① バーナード・クリック著，河合秀和訳『ジョージ・オーウェル ― ひとつの生き方』（岩波書店，1983），上巻p.233-4。原注

② 『1984年』のエスペラント訳"Mil naŭcent okdek kvar"（Donald Broadribb訳：Mondial, 2012）

③ George Orwell（本名Eric A. Blair：1903-50）英国の作家

④ Granda Frato：「1984」に描かれている全体主義管理監視国家オセアニア国の指導者Big Brother（モデルはスターリン）

⑤ "Planlingvistiko" n-ro 3（1982）および"Kontakto" n-ro 82（1983）原注

⑥ 『朝日ジャーナル』1983年3月25日号オーウェル『1984年』特集の中で社会言語学者の田中克彦は，『1984年』のニュースピークのアイデアの一部がエスペラントから借用されている（次ページ下に続く）

Silfer の言うように，Newspeak はエスペラントよりもむしろ Volapük に近いが，オーウェルがエスペラントからヒントを得たのは間違いない。彼がエスペラントについて知っていたことは確実だからである。

実は，冒頭に引用した「最初の下宿」の「主人」とは SAT 創設者の Eŭgeno Lanti で，「その妻」とはオーウェルが大いに好いていた叔母の Ellen Kate Limouzin であった。

オーウェルは，1928年から18カ月パリにいたが，叔母のネリー①が見つけてくれたすぐ近くの安ホテルに移るまで，中流地区の貧弱な建物の小さな屋根裏部屋に住んでいたというネリー叔母とその愛人②ランティのところに，短期間，居候していたわけである。上の発言でオーウェルは，フランス語よりエスペラントの方が上手に話せたというランティとイギリス生れのネリーとが日常的にエスペラントを話していたことの証人のひとりになった。

ロンドンに帰ったオーウェルは，1934年からある本屋の階上に下宿し，午前中は下の本屋で働くことになる。彼にこの本屋の所有者ウェストロープ夫妻を紹介したのも，叔母のネリーであった。夫の Francis Westrope は，第一次大戦中，良心的兵役拒否で投獄され，獄中でエスペラントを学習した。妻の Mary Myfanwy Westrope は独立労働党員で女性運動の闘士であった。エスペランティストのふたりは，SAT を通じてネリー・リムージンとランティと知り合ったのである。

オーウェルがこれらエスペランティストたちから思想的影響を受けたことは，想像に難くない。1934年彼は Leonard Moor あての手紙で次のように述べている。

---

という仮説を提示し，「……しかし，全体主義国家の言語（＝ニュースピーク）がエスペラントと重ね写しにされたとしたら，エスペラントにとって公平ではない。それは少なくとも，既存の特定有力言語に特権を与えぬことを目的のひとつに含みながら，全く新たに組みたてられたからである」原注

① ネリー（Nellie）は，エレン・ケイト・リムージンの愛称。
② 当時，ランティとリムージンは共同生活。法律上の結婚は1934年。

「貴方に話した例のフランスの本をちょうど受け取ったところです。水曜日までに読んでどんな本かお知らせします。ほんの短いもので，ちょっと見たところでは，反唯物論的，反マルクス主義的な本のようです」①

　オーウェルに本を送ったのはおそらく叔母のネリーであるが，これはネリーの方から読むようにすすめたらしい。「例の本」とは，ランティがエスペラント訳した Paul Gille の"Skizo pri la filozofio de la homa digno"②のフランス語の原本である。このようにして，SAT-anoj との接触を通じて，「エスペラントはイデオロギーだ」という印象は，彼の言語感の一部になっていったのである。

　『1984年』の巻末には，「ニュースピークの諸原理」という付録がある。Newspeak の語彙はA，B，Cの3種類に分類されていて，A語彙は日常生活用語，B語彙は政治・イデオロギー用語，C語彙は科学技術用語である。オーウェルは，B語彙に最もページをさき，C語彙にはほんの20行ほどに過ぎない。

　SilferはB，C語彙について，

"El planlingvistika vidpunkto ili estas apenaŭ interesaj: Orwell tamen longe disertacias pri ili, ĉar tra tiuj vortaroj eblas pli efike influi la pensmanieron de la regatoj, ..."

と述べている。しかし言語学は常に思想史の脈絡にあるものであり，エスペラントが言語的正義を志向するものであるかぎり，計画言語学は語源や表面上の形式よりも社会的機能にもっと目を向ける必要があろう。『1984年』は，Newspeak とエスペラントの語構成の表面的な類似ばかりでなく，そこに描かれている永続的に存在することに成功した完全な全体主義世界における言語（政策）という関心において，「重大な社会問題」であるエスペラントにとって無視できない作品なのである。

　オーウェルは，エスペラントばかりでなく，Basic English③に

---

① "An Age Like This" (1920-1940)（エッセー集1 :Penguin）,p.157
原注
② Lanti訳（SAT, 1934）
③ 英語を簡略化したもので，イギリスのOgdenが考案。

言語を考える

も関心を示し，1943年には L.Hogben の Interglossa①の批評を書いたこともあって，国際語問題には理解が深かった。彼はまた，祖母が40年もビルマに住みながらビルマ語が話せなかったことをイギリス人の嫌悪すべき社会行動として反発し，自らは警官としてビルマにいる間にビルマ人僧侶と高度な会話ができるほどビルマ語ができるようになったという。

ビルマで帝国主義に対する憎しみを身に付けて帰国したオーウェルは，アナキストを自称する。ランティと出あったころのことである。彼は，帝国主義が如何に言語を堕落させるか，政治やイデオロギーが如何に言語と関係し合うかに注目した。「政治と英語」（1946年）では，現代英語，中でも政治的文章に如何に意味のない持ってまわった決まり文句が多く，如何に堕落しているかを述べている。その原因のひとつは政治そのものである。それは，「政治的発言や文章というものは，大部分，弁護できないものを弁護するものだ」②からである。

『1984年』の世界は，そのような政治が完全なものになった世界である。そこでは，最も弁護できないものを弁護することしかできない言語，「黒を白と言う」ことしかできない言語，堕落が完全たる言語が形成される。Newspeak はそのような言語である。

Newspeak がその本領を発揮するのは，B語彙においてである。多少とも政治的色あいを持つ語はすべてB語彙に含められている。B語彙は，事実上すべて合成語で，発音上の美しさを最大に重んじて自由に切りつめることができ，そのためには不規則な語形も容認される。その典型が，オセアニア国の体制，イデオロギーで「正義」，「道徳」，「科学的」などのすべてを意味する "Ingsoc"という言葉である。語源的には，これは"English socialism"であるけれども，そこにはすでに「イギリス」，「社会主義」といった意味あいは消えてしまっている。このような切りつめは，「このように名称を省略すれば，その名称に異なった形でまつわ

---

① イギリスの Hogben が考案した人工語。
② "In Front of Your Nose" (1945-1950)（エッセー集４ : Penguin），p.166 原注

165

りつく連想の大半を切り捨てることになっておのずとその意味を限定し，微妙に修正できると考え」て，意図的になされたものである。オーウェルは，このような切りつめた名称が現実に政治用語，特に全体主義，権威主義的組織において顕著であることを指摘している（たとえば「コミンテルン」，「ゲシュタポ」など）。

　B語彙はイデオロギー的にすべて Ingsoc に奉仕する象徴的意味を持ち，Ingsoc の醜い面にはそれを美化し正当化する名称が付けられている。強制収容所は"Joycamp"（歓喜キャンプ）で，戦争を遂行するのは"Minipax"（平和省）である。（日本の「防衛庁」や「自衛隊」は，これとどっこいどっこいの名称です）。つまり，弁護できないものを弁護する詭弁の言語である。

　Newspeak には，このような詭弁やそれが持つ明らかな自己矛盾を指す"blackwhite"（黒白），"doublethink'（二重思考）といった言葉があるが，それらももちろん Ingsoc と不可分のいい意味でしか用いることができない。

　オーウェルは『1984年』が予言の書であることを否定し，それが現実に存在する全体主義的傾向，権威主義のパロディーであることを認めた。「私は，全体主義的な思想がどの国でも知識人の間に根を下したと信じている。私は，そのような考えをその論理的帰結にまで拡張しようとしたのである」[1]

　『1984年』で重要な役割を持つ（二重思考）は，現在も「平和のために」核軍拡を続ける政治家のパラノイア的思考のパロディーである。そして Newspeak は，彼らの用いる堕落した言語のパロディーなのである。

　Newspeak がエスペラントと共有する自由な品詞転換や活用の規則性，そして Newspeak が特に重視する発音の美しさは，Newspeak が持つわざとらしい醜さを美化し正当化するために意図的にとりつくろったものである。それらがもたらす学習の容易さ，「進歩的」，「科学的」といったイメージも，Ingsoc をたたえる以外にイデオロギー的表現をできなくするという Newspeak の目的のために必要であろう。それらがエスペラントからヒントを得てエスペラントに似ているとしても，エスペラントの

---

[1] "In Front of Your Nose", p.564 　原注

言語を考える

堕落を意味するものではない。Newspeak と違い，エスペラント
は意味の明快さ，simpleco, klareco を最も重んじる。発音の美
しさ belsoneco は，あくまで klareco を失なわないかぎりにおい
て追求されるはずのものである。Newspeak のように，klareco
を失なってまで，あるいは失なわせるために belsoneco を追求す
ることはしない。それに何よりも Newspeak は，権力が強制し
た国家語であって，民衆は自由に新語を作ったり新しい表現を試
みたりできず，スローガン的決まり文句が最も好ましい表現だと
されているのに対し，エスペラントは，権力や国家とは結びつか
ない民衆のものであり，誰でも自由に新語が作れ，決まり文句よ
りも内容豊かな自由な表現が好まれる。
　エスペラントと Newspeak の志向するところは正反対なので
ある。ただし，もしエスペラントが，その形式上の「進歩性」に
とらわれて klareco を忘れたら，belsoneco を追求するあまり，
明快な合成語にかわって余分な neologismo ばかりになったら，
そして権力と結びついて弁護できないものを弁護するようになっ
たら，エスペラントは容易に Newspeak（あるいは Novparol）
になりかねない。これはオーウェルのエスペラントへの教訓であ
る。

言語を考える

1981年5月号

## 常用漢字表の「公害」
### エスペランチストにとってもひとごとではない

### サカモト ショージ

「SAYONARA ボーナンノクトン土岐先生桜の花も今日散りました」（梶田克三）

歌人・国文学者・杜甫研究家……, そして国語審議会会長を5期つとめられた, わが Toki Zenmaro① 先生がなくなって一年足らず, 第14期国語審議会は, 1981年3月23日「常用漢字表」を田中文相に最終答申した。この表は, 当用漢字1850字を1字も削除せず, 95字を上積みした1945字からなっている。

1977年の「新漢字表試案」が33字を削り, 83字を追加したのに比べて, さらに45字ふえた。一挙に5％をこえる大幅増である。

ただ, この追加の95字は, 塾をはじめ, 斉・挑・棟・扉・戻など, 比較的なじみのあるものが多いため, 一般に受け入れ易く, 批判はむしろ, 朕・薪・畝など, 中間答申では削除することになっていた19字を復活した方に集まっているようだ。

しかし, 基本的な問題は, 漢字の重すぎる負担を制限して, 文化水準をあげ, 社会生活の能率化をはかろうという, 当用漢字の目的を否定し, 1945字をもって, なおかつ「漢字を使う際の目安」として, 漢字の野放し使用への道を開いたことにある。

当用漢字と新かなづかいは, 戦後の国語政策の基本線である。（ただし, これらの制定は1946年であって, 当時の国語審議会には筋金入りのローマ字・カナモジ論者は加わっていない。土岐さんが会長になられたのは49年であり, その後も会長としては中正な態度を堅持された。したがって, この政策を表音主義者の横暴あつかいにするのは的はずれである）。

ところが, 1961年にこの基本線に反対の5名の審議会委員が,

---

① 土岐善麿 (1885-1980) ローマ字書きの短歌を作るなどの表音主義者。
事典

自分たちの主張がいれられないのを不服として脱退するという
騒ぎを起こした。翌62年には，審議会の委員を文部大臣の任命と
する，と政令が改められて，この「反乱」はマンマと目的をとげ
たのである。66年には，文部大臣から「国語施策改善の具体策に
ついて」審議会に諮問があった。68年５月，文部省文化局は，「当
用漢字…の制限は，思いきって緩和すべきである」という報告を
出した。同年同月，自民党の政調会は，「国語の諸問題」という
調査資料を発行した。その結論は，

　（イ）当用漢字表及び当用漢字別表（教育漢字）の制限は思ひ
きって緩和すべきである。

　（ロ）字体については，正しい字体を基本とし，新字体は便宜
的なものとして扱ふべきである。

　（ハ）歴史的仮名づかひは…優れた表記法として，これを尊重
すべきである。……

　（ホ）公用文は右縦書きを原則とすべきである。

　　　　（旧かなづかいは，原文のまま）

　── などという，時代離れしたものであった。

　この自民党・文部省・大臣任命の国語審議会３者のチームプレ
ーによれば（福島会長など若干の委員の抵抗はあった模様だが）
常用漢字表などはまだホンの第１歩に過ぎない。

　現に日本文芸家協会は，すぐ声明を発表して，3200もしくは
3300字が常識とうたい，この表が何らの拘束性ももたない目安
にとどまることを最低限の条件として要望して来た。

　これは日本語の問題で，エスペラント運動と直接の関係はない，
という人もいるだろう。しかし，少なくとも底流では深くつなが
っている，とぼくは思う。

　国語と国際語の違いはあっても，要はコトバを普通の人のもの
とすることであり，社会生活の効率化，草の根文化の発展である。

　国語国字問題では，復古主義者がカサにかかって攻撃に出てい
る。国際語問題では「文化的帝国主義者」がエスペラントを冷や
やかに無視している。そして被害者である社会は，この「公害」
を十分認識していない。

　コトバの問題に世間の目を開いてもらうためのねばり強い運
動が，内外を問わず必要なのである。

# 解説

寺島俊穂

エスペラント運動は，戦後日本の民主化とともに広がりをもつ運動になった。関西エスペラント連盟が設立されたのが1951年5月であり，その機関誌 La Movado の第1号が同年3月に関西エスペラント連盟結成準備会の名義で発行されているので，どちらも今年（2016年）で65年が経過したことになる。本書は，その誌面を彩った多様な論説や報告，書評や意見のなかから編者が選んで編んだものであり，エスペラント運動を支えてきた人たちの思想や主張を伝えている。

La Movado 誌は B5判2段組みの機関誌であり，著者に割り当てられるのはほとんど1ページか半ページであり，その小さなスペースのなかに言いたいことを凝縮して書かねばならないという制約がある。しかし，逆にこのような制約があったから，本書は多くのエスペランチストが考えてきたことを幅広く収録することができたのであり，エスペラント運動を多面体として理解することを可能にしたのである。本書は，7部構成になっているので，それぞれの主要な論点を抽出して，解説しておきたい。

第1部「運動を考える」は，関西だけではなく戦後日本のエスペラント運動を代表する活動家のエスペラント運動論を選りすぐっている。つまり，宮本正男，小西岳，竹内義一，サカモトショージらがエスペラント運動をどう考えていたのかを知ることができるのが本書の特長の一つである。彼らは，エスペラントの実力（語学力）に長けていただけでなく，活動家として持続的にエスペラント運動に関わったので，市民生活に根ざした議論を展開している点が注目される。

小西岳が述べているように，エスペラント運動とは，単にエスペラントを普及することだけではなく，「大衆的レベルでの国際交流の推進」と「言語上の不平等の撤廃」にあり，平等意識，連帯意識を一人ひとりの実感として育てていくことにある。竹内義一が述べているように，運動にとって大切なのは後継者の育成であり，「市民的自立性」をもった運動の「継承」である。竹内が「私の『経験』では『継承』がいちばんうまく行くのは，次の世

代の人たちといっしょに仕事をすることに成功したときである」と述べているように，自分たちの活動を次の世代にどうつなげていくかをつねに意識して，彼らが運動を担っていたことがわかる。

　エスペラント運動は，エスペラントが国際機関に認知されることに主目標を置くのではなく，一人ひとりが対等な立場で交流することによって共感，信頼，連帯という価値を享受することに重きを置いているのである。交流するのは，個人個人であり，小西が言うように，エスペラントが生きたことばとして話されることによって「幾多の感動的な人間交流のドラマを展開してきた」こと，「エスペラントに触れることによって人生への，社会への眼を開かれた人も数多い」ことが重要なのである。サカモトショージが述べているように，エスペラント大会の存在理由は，「エスペラントの意義・価値・効用」を外部に向かって示すことだけでなく，社会的地位や年齢に関係なく対等な個人として交流し，協力し合うこと，さらには「仲間に会える喜び」や「対等な人間同士として話し相手」を見つけられることにもある。

　このように見てくると，エスペラント運動は，エスペラントの普及・活用という目標をもっているので，市民**運動**であるが，活動すること自体に価値があるとみなされるので，市民**活動**だとも言える。市民**運動**においては目標達成が重視され，目標が達成されれば組織は解散するが，市民**活動**の目標は世代を超えて継続的に追求しなければならない理念的目標であり，すぐには達成できないのだから，継続的に組織を維持しなければならないし，活動している過程が重視されることになる。永続的な課題に取り組んでいるのだから，エスペラント運動の中核には確信をもった活動家がいなければならず，理念の共有がエスペラント運動の基盤となってきたと言えるであろう。

　第2部「ザメンホフを考える」は，エスペランチストがエスペラントの創始者ザメンホフの思想をいかに真剣に学んできたかを伝えている。というのも，エスペラントの理念は，ザメンホフの思想との関連抜きには語ることができないからである。ほかの社会運動，文化運動とは違って，エスペラント運動においては，創始者の思想は批判することもでき，実際に批判されることもあるが，多くの場合，尊敬の念をもって受け止められてきたこともまた事実である。本書に収められている，各人各様のザメンホフ

論から窺えるのは，ザメンホフが大衆を深く信頼し，平和への強い希求と人類意識をもっていたことが，エスペラント運動に少なからぬ影響を与えてきたことである。エスペラント運動の民主的性格は，創始者ザメンホフの人格と思想と深い関係があることが示されている。

　第3部「ザメンホフを読む」は，ザメンホフの著作がエスペランチストに広く読まれてきたことを明らかにしている。各人がザメンホフのどの作品を選び，それをどのように読み解くかは自由である。ザメンホフの思想であるホマラニスモは，人間を民族や国家への桎梏から解き放つものであり，人類普遍につながる公共性の意識でもあり，時代に先駆けた思想であった。ザメンホフのユダヤ性や言語思想について深い洞察がなされるとともに，未来志向的な理想主義がザメンホフの思想的核心だということが明らかにされている。

　第4部「平和を考える」は，エスペラントと平和との関連という論争的なテーマに関する論考を集めている。宮本正男がエスペラントを「平和のコトバ」と呼ぶことに反対しているように，エスペラントは言語である以上，どういう目的にも使うことができ，言語自体が思想をもつわけでなく，戦争中に戦争体制に協力したエスペランチストもいたことは事実である。したがって，エスペラントに色づけをすべきでないという宮本の意見が正しいのかもしれない。

　それにもかかわらず，世界中の多くのエスペランチストが「エスペラントは単なる言語ではない」という感覚を共有してきたのはなぜだろうか。この点については，土居智江子が言うように，「ことばの違いをのりこえて交流し，友情を深めること」も平和運動とみなすことができ，「違いを認識し，相手を尊重し，共存のための『共通の基盤』を見いだしていくこと」を，エスペランチストが体感してきたからではないだろうか。平和構築との関連では，対等で非暴力的な地球社会の形成にエスペラントを役立てることが，エスペラント運動が果たすべき役割であろう。原爆体験記の共同訳や被爆の記録『広島・長崎』のエスペラント版出版に示されるように，エスペラントを市民レベルでの平和活動に活用することには社会的意義があり，宮本自身，平和のためのエスペラントの活用に積極的であったことを忘れるべきではない。

第5部「民際語を考える」は，La Movado 誌が発信源となっ
たエスペラント民際語論に関する論考を集めている。宮本正男は，
エスペラントを国際語ではなく民際語として再定義している。宮
本が言う民際語とは，①通訳を雇えない人民・庶民間の言語
（interpopola lingvo）と，②多民族が混住する地域における民
族間の言語（intergenta lingvo）という二つの意味であった。本
書からも明らかなように，宮本の民際語論は日本のエスペラント
界では反響を呼び，民際語思想は深められていった。藤本達生は，
②の意味での民際語を現代的に interetna lingvo と言いなおし，
タニヒロユキは，宮本の民際語論をもとに，自らの思想を展開し
た。タニは，国際語と民際語の違いを国際と民際の違いから類推
し，国際というのは，国家・国民・民族の枠を固定しているのに
対し，民際というのはそれらを固定するのではなく「その境界に
穴を開けて個々人が民族・国家を越えて直接連携する」という意
味で，民際主義を唱えている。タニは，宮本とは違って民際語に
transnacia lingvo という訳語を当て，民族や国家を乗り超える
動態のなかにエスペラントの存在理由を見いだそうとした。また，
三浦伸夫は，国際語から民際語への移行を文明史のなかでの大き
なパラダイム転換と捉え，民衆レベルでの交流言語の必要性を見
据える，独自の民際語論を展開していったのである。
　もっとも，柴山純一が指摘しているように，エスペラントが国
際語として発表された頃は，国民国家の言語が整備され，互いに
競合していたという歴史的背景を踏まえなければならないし，ア
フリカでは，数多くの部族のことばのあいだにスワヒリ語のよう
な「族際語」が必要とされるし，また「それらの国では文盲をな
くすことが最も重要で，とてもエスペラントまで手を回せる状態
ではない」という現実があることも否定できない。しかし，1990
年代以降の急速なグローバル化はアフリカの農村にも押し寄せ
ているのであり，地球規模で経済や文化を融合し，世界中の人び
との距離感を縮めていることもまた事実である。グローバル化の
もとで，貧困や格差が広がる一方，民際交流の機会が増大し，移
民社会化が進行している。また，科学技術やビジネスを中心に英
語支配が強まる一方で，少数言語集団が母語を使い続ける権利で
ある言語権が主張されるようになってきた。

このように捉えると，エスペラント民際語論は，国際から民際へという政治社会の変化に対応していたとも言える。1970年代から国際関係論や自治体政策で民際ということばが使われ始め，70年代前半には，哲学者の久野収によって「民際コミュニケーション」の重要性が指摘され，長洲一二神奈川県知事によって自治体の「民際外交」が提唱されていた。とはいえ，それらの議論には民際交流の言語はどうあるべきかという視点が欠けていたので，エスペラント民際語論の先駆性は強調されてよい。地球時代において，パソコンなどの情報機器が必須のアイテムとなっていくように，対等の意識に基づく，民衆の交流言語が必要となるという未来志向性が，エスペラント運動を支えているのである。

　第6部「民際活動を考える」は，エスペラントによる民際活動が対等で人間らしい地球社会を構築していくために役立つことを明らかにしている。民際活動とは，民衆間の国境を越えた交流活動であり，その担い手は市民団体や個人である。対等で分け隔てのない交流体験，反戦・平和の理念と結びついた平和活動がそれである。

　専門グループの民際活動は，エスペラント共通歴史教科書の会が主催した日韓関係史シンポジウム，『日中韓共通近現代史』の翻訳出版などが取り上げられているが，これらは一例にすぎず，エスペラントを活用した民際活動は，多様なかたちで展開してきたし，今後も展開しうる。

　個人レベルでも，エスペラントだけでフランスを旅し，小学校などで講演したり交流したりした忍岡妙子の報告が載せられているように，外国旅行の際の意見交換や情報交換も民際活動である。海外で生活したときにはその土地のエスペランチストと連絡をとったり，逆に，居住地に来た外国人エスペランチストと交流したり，スカイプをとおして会話したりするのは，日常的な民際活動，民際交流である。民際交流はほかの言語でも可能だが，共通の理念のもとでの交流は，国境や地域を越えて友情や信頼や共感を育みやすいし，連帯や協力の基盤となりうるのだと言える。

　第7部「言語を考える」は，エスペラントの言語的特質を明らかにしている。ここでの議論からも，エスペラントの特質が「エスペラントの基礎」を守れば多様な表現が可能だという自由さにあること，言語構造自体に創造力があることが示されている。ま

た，エスペラント学習が漢字の使用や氏名のカタカナ表記などについての認識を開き，自国語についての思考を深め，言語の機能について考えるきっかけにもなりうることが示唆されている。

　エスペラントは規則的・論理的な言語として構築されているので，「基本的な単語をできるだけ活用する技術」を身に付けることによって，基本語彙のヨーロッパ性というハンディを克服できることも示唆されている。地球時代の公正な言語秩序を考える上で，計画言語のなかで唯一持続的に発展してきたエスペラントについての言語学的探究は，重要な課題となっている。

　このように，日本のエスペラント運動のなかから独自の思想や解釈が生まれてきたこと，そのなかで関西のエスペラント運動が果たしてきた役割が大きかったことに改めて気づかされる。本書に収められた数多くの論説には，エスペラント運動の支えとなる思想が表されている。私たちは，過去と対話することによって，よりよき未来を創造していくことができるのだから，本書を熟読することによって，エスペラント運動のよき伝統を継承し，発展させていくべきである。

## 執筆者紹介

**相原美紗子**（あいはら・みさこ）1942年生まれ。画家（相原美紗）。画集"Filozofias koloroj"

**伊藤俊彦**（いとう・としひこ）1952年生まれ。名古屋Eセンター委員として"tempo"誌復刻版等の編集刊行を担当。

**江川治邦**（えがわ・はるくに）1939年生まれ。元和歌山ユネスコ協会事務局長。訳書『稲むらの火　浜口梧陵の話』（3言語版）他。

**岡部明海**（おかべ・あきうみ）1980年生まれ。JAXA勤務（宇宙飛行士インストラクター）。2008年秋Rondo Kornoで学習。

**岡本三夫**（おかもと・みつお）1930年生まれ。広島修道大学名誉教授，元日本平和学会会長。

**忍岡妙子**（おしおか・たえこ）1948年生まれ。元広島市立小学校教員。広島市平和資料館ピース・ボランティア。

**蒲 豊彦**（かば・とよひこ）1957年生まれ。京都橘大学教授（中国近現代史）

**川西徹郎**（かわにし・てつろう）1944年生まれ。内科医。JEI出版部長。著書『新ザメンホフ読本』。

**北川昭二**（きたがわ・しょうじ）1943年生まれ。元福井県立高校教員。JEI普及推進部長。

**小西 岳**（こにし・がく）1934年生まれ。LM編集長，KLEG会長等を歴任。関西学院大学名誉教授（物理学）。著書・訳書多数。

**小林 司**（こばやし・つかさ＝朝比賀昇，奈良宏志）1929-2010，精神科医，作家。著書『ザメンホフ』他多数。 [事典]

**サカモト ショージ**（坂本昭二）1927-1996。KLEG事務局長，同図書部長等を歴任。著書『La Unua Kursolibro』（三部作）他。 [事典]

**佐藤守男**（さとう・もりお）1938年生まれ。税理士。エスペランチスト平和の会代表，エスペラント九条の会事務局。

**柴山純一**（しばやま・じゅんいち）1950年生まれ。元JEI理事長。現在同機関誌編集長。

**東海林敬子**（しょうじ・けいこ）1942年生まれ。JEI副理事長等を歴任，現在総務部長。Libroteko Tokio主宰。

**染川隆俊**（そめかわ・たかとし）1966年生まれ。KLEG図書部長。兵庫県立高校教員。

**高杉一郎**（たかすぎ・いちろう：小川五郎）1908-2008。作家，翻訳家。著書『ひとすじのみどりの小径』他多数。 [事典]

**竹内義一**（たけうち・よしかず）1931-2005。KLEG事務局長，高槻 E 会理事長等を歴任。著書『エスペラント会話教室』。 事典

**タニ ヒロユキ**（谷博之）1955-2014。大阪大学外国学部 E 講座講師。 著書『エスペラント単語練習帳』『エスペラントとグローバル化』他。

**寺島俊穂**（てらじま・としお）1950年生まれ。関西大学法学部教授。 著書『エスペラントと平和の条件』，編著『地球時代のコミュニケーション － 民際語としてのエスペラント』

**土居智江子**（どい・ちえこ）1942年生まれ。NPO法人エスペラント よこはま理事。著書『炎の行方』『地球時代のことば　エスペラント』

**ドイ ヒロカズ**（土居敬和）1942年生まれ。JEI理事等を歴任。現在 同評議員，NPO法人エスペラントよこはま事務局長。

**西尾 務**（にしお・つとむ）1949年生まれ。KLEG国際部長，同事務 局長等を歴任。弁理士。

**野々村 耀**（ののむら・よう）1937年生まれ。95年から神戸で震災被 災者支援。現在神戸YWCA夜回り準備会で野宿貧困者を支援。

**野島安太郎**（のじま・やすたろう）1906-1989。著書『宮沢賢治と エスペラント』。訳書"Goôŝ, la 'Ĉelisto"他。 事典

**藤巻謙一**（ふじまき・けんいち）1954年生まれ。E 通信講座主宰。著 書『はじめてのエスペラント』『まるごとエスペラント文法』他。

**藤本達生**（ふじもと・たつお）1935年生まれ。JEI理事，UEA理事を 歴任。著書『興味の問題』『エスペラントはこうして話す』他。

**松田克進**（まつだ・かつのり）1963年生まれ。広島修道大学人間環 境学部教授。大阪府立生野高校において奥村林蔵の指導で学習。

**松本 清**（まつもと・きよし）1930-2001。神戸外大 E 講座講師 事典

**三浦伸夫**（みうら・のぶお）1950年生まれ。神戸大学名誉教授。

**峰 芳隆**（みね・よしたか）1941年生まれ。KLEG図書部長，同事務 局長を歴任，現同図書部員。E 版『エロシェンコ選集』6 巻編集。

**三宅栄治**（みやけ・えいじ）1957年生まれ。兵庫県内の私立中学・ 高等学校教員。著書『闘うエスペランティストの軌跡』

**宮本正男**（みやもと・まさお）1913-1989。KLEG事務局専従，LM 編集長等を歴任。『宮本正男作品集』全 4 巻。著書・訳書多数。 事典

**山口真一**（やまぐち・しんいち）1951年生まれ。教心寺住職。著書 "Enkonduko en Budhismon"

**山口美智雄**（やまぐち・みちお）1937-2006。著書『エスペラント読 書ノート』 事典

**エスペラント運動を考える**

2016 年 6 月 18 日 第 1 刷
著 者　　小西 岳 ほか
編 集　　峰 芳隆
発行者　　染川隆俊
発行所　　日本エスペラント図書刊行会
　　　　　（関西エスペラント連盟図書部）
561-0802 大阪府豊中市曽根東町 1-11-46-204
一般社団法人 関西エスペラント連盟
電話：06-6841-1928　ファクス：06-6841-1955
電子メール：esperanto@kleg.jp
ウェブサイト：http://kleg.jp/
振替口座：00960-1-60436 一般社団法人 関西エスペラント連盟

# 寺島俊穂著『エスペラントと平和の条件』
## ― 相互理解と言語民主主義 ―

### I エスペラントの可能性を考える
グローバル化と言語民主主義
地球時代におけるエスペラントの可能性

### II エスペラントの可能性を開く
ソウルで日韓関係史シンポジウム
ワンデル氏の講演を聴いて
エスペラントと平和の条件
地球民主主義と言語問題
複数言語主義とエスペラント
平和学からみたザメンホフ

### III 平和と民主主義に関する本を読む
La laboro de Universala Esperanto-Asocio por pli paca mondo
Interpopola konduto
Homaj Rajtoj - Demandoj kaj Respondoj
Paĉjo, kio estas rasismo?
Kio estas demokratio?
Al lingva demokratio
Esperanto en la 21a jarcento
Esperanto kaj internaciaj organizaĵoj
Kio ni estas kaj kion ni celas

### IV Eseoj pri paco, diskriminacio kaj demokratio
Tergloba demokratio kaj lingva problemo
Kiel rilatas Esperanto kun paco?
La Japana Konstitucio kaj la Esperanto-movado
Artikolo 9 de la Japana Konstitucio kaj la vojo al la mondo sen militoj
Transnacia lernado pri historio
Diskriminacio per ŝtataneco
La problemo de "konsolvirinoj"
Demokratia ideo en postmilita Japanio

発行：日本エスペラント図書刊行会

A5判，158p./本体価格 1100円

ISBN 978-4-88887-068-9 C0087

# タニヒロユキ著『エスペラントとグローバル化』
## － 民際語とは何か －

第1部

第1章　国際と民際

第2章　言語権

第3章　英語公用語論

第4章　ザメンホフとランティ


第2部

第1章　グローバル化と民際語

第2章　民衆と人民

第3章　個人的言語権と言語選択権

第4章　国際英語主義とグローバル化

第5章　民際的グローバル市民社会

第6章　エトノスとグローバル化

第7章　民際語と積極的中立主義


付録　内蒙古短編小説（『モンゴル語』からの抄訳）


モバード新書15

発行：日本エスペラント図書刊行会

新書判，171p./本体価格 900円

ISBN 44-4930785-50-2 C1087